Le beau livre de Léa

Un grand jour

Anne-Sophie Bataille

Le beau livre de Léa

Un grand jour

Les Éditions du Panthéon
27, cité industrielle – 75011 Paris
Tél. 01 43 71 14 72 – Fax 01 43 71 14 46

ISBN 2-7547-0100-1

LES PRÉSENTATIONS

Léa est une petite fille de cinq ans. Elle a les cheveux châtains clairs, tout bouclés, quelques tourbillons de cheveux devant son visage. Illuminé par une douce fée qui a du passé par là à sa naissance... Son sourire lui a déjà creusé quelques ravissantes « rides » tout autour de la bouche, comme si son sourire se prolongeait au-delà de ses lèvres. De ses yeux, sortent des rayons de lumière... Lorsque son regard se porte sur toi, tu te sens, léger, heureux, entouré d'une douce chaleur, d'un doux bien-être. Ses quelques toutes petites taches de rousseurs sur les pommettes, lui donnent un petit air coquin. Quand elle va rire, le bout de son nez se met à bouger légèrement. Ses yeux deviennent tout pétillants. Elle est de taille moyenne. Une grâce se dégage de tous ses mouvements. Elle caresse l'air à chacun de ses gestes. Le monde a été fait juste à sa mesure. Depuis sa naissance elle fait le bonheur de ses parents et de tous ceux qui l'entourent. Elle a toujours le sourire aux lèvres, on pourrait croire que cette enfant ne sait pas faire la tête. Tout a l'air de lui convenir... Sa maman est ouvrière dans une usine proche de la maison. C'est une femme simple, très tendre et gentille. Son papa travaille dans la même usine que sa femme, mais la nuit. La journée il en a besoin pour s'occuper des deux chevaux qu'il possède. Depuis toujours cet homme a aimé les chevaux. Dès qu'il a pu il s'en est acheté : Une petite jument croisée espagnole, pur-sang arabe, très belle, pas très grande mais une bonne ossature solide, sa robe est toute noire. Un peu plus tard dans sa vie, il eut le « coup de foudre » pour un poulain d'un an, selle français.

Il passe ses journées à construire des abris, des mangeoires. À faire des clôtures pour les prés, brosser ses chevaux, leur parler, parfois les monter...

Léa, suit son père pas à pas. Dès qu'il est levé de « sa sieste » comme elle dit. Elle ne sait pas que les trois ou quatre heures qu'il dort par jour, sont en réalité sa nuit, à son papa. Elle n'a que cinq ans, mais elle sait déjà parfaitement se servir de l'étrille, de la brosse douce, du bouchon, et même du cure pied !

Pour curer les pieds, elle ne peut essayer que sur ceux de « Câline » la jument, le jeune, c'est moi (Guitariste c'est mon nom) je suis encore un peu fougueux. Elle en aura le droit quand elle sera plus grande... Pour le moment, elle n'arrive à brosser toute seule que les membres de la petite jument. Léa sait que l'on ne dit pas « pattes » elle y tient ! Ainsi que son ventre et sa « figure » comme elle dit. Son papa la porte souvent, afin qu'elle puisse caresser et brosser les parties de la jument, que son petit corps d'enfant n'arrive pas encore à atteindre. Rémi. C'est le prénom de son papa. Aime la nature, les chevaux, le bricolage, se sentir bien, c'est un homme droit, juste. Il n'est pas très démonstratif en matière de tendresse, mais il est gentil, et très fier de sa fille !

Il lui apprend tout ce qu'il sait, sur tout. Il lui parle de l'herbe bien verte qu'il faut aux chevaux. Aux terres qu'il va préparer, pour que le pâturage et le foin à venir soient aussi bons pour eux, que les bons plats que leur prépare « maman » chaque jour. Il lui compare l'herbe à une mousse au chocolat. Léa adore la mousse au chocolat ! Il lui explique que le box du cheval c'est sa maison, son lit. Qu'il faut veiller à sa propreté, à son confort : « Que ton cheval ait envie de rentrer chez lui comme toi tu aimes rentrer à la maison ».

Il l'emmène partout sa « gamine » comme ils disent les gens du village. Léa saurait déjà faire démarrer le tracteur. Mais pour cela aussi il faudra attendre un peu.

Léa n'est pas pressée. Elle s'entraîne dans sa tête. Elle répète déjà ces futurs gestes qu'elle fera toute seule un jour. Elle connaît tous les outils, même si parfois le nom trop compliqué d'un d'entre eux est « arrangé à la Léa ». Elle sait à quoi il ressemble et surtout à quoi il sert ! Rémi dit la « botteleuse ». Léa dit la « bolleuse » mais elle sait bien que c'est la machine à faire les bottes de paille et de foin. Lorsqu'il l'envoie chercher la scie à métaux, il sait qu'elle ne reviendra pas avec autre chose.

Le moment le plus fort pour Léa, c'est quand son papa la porte jusque sur le dos de Câline. Elle se couche dessus de tout son long, prend l'encolure de la jument dans ses petits bras. Son petit nez se met à bouger... Et elle rit. Elle se sent si bien. Une douce chaleur l'envahit, elle est parcourue de frissons. Elle la sert fort. Elle dit qu'elle rentre dans la jument. Qu'elle sent tout ! Son père est aux anges... Il pense que le bonheur est présent juste là, sous ses yeux. Son bonheur à lui, c'est le bonheur que Léa vit. Qu'elle sait si bien communiquer ! Si tu voyais le sourire de Rémi quand Léa est sur câline. Même Corinne. Sa maman. Elle n'aime pas tellement les chevaux... Mais elle ne peut s'empêcher de sourire et de rire. Le bonheur de Léa est contagieux !

Parfois elle monte sur la selle, devant son père qui la tient. Elle préférerait tenir toute seule. Mais son papa lui a bien dit que cela ne venait qu'avec le temps. Elle n'est pas pressée de grandir, mais quand même. Il y a déjà beaucoup de choses qu'elle aimerait faire plus tard. Elle sent bien que la pression exercée par le bras de son papa est différente quand ils s'arrêtent pour discuter avec « un du village ». Il la sert un peu plus fort contre lui. C'est une sensation agréable. Il ne l'étouffe pas, non ! Il est juste un peu plus présent. Elle ne connaît pas le mot, mais elle sent qu'il est fier d'elle. « Fier comme si c'était un petit gars ! » Il y en a du village qui dise ça. Léa ne comprend pas le « comme si c'était un petit gars ». De toute façon son papa Rémi, il lui a déjà dit plusieurs fois, qu'il n'avait pas besoin de la comparer à un « petit garçon ». Il aime sa fille. Il lui explique que parfois les gens sont bizarres ou méchants. Ils passent leur temps à parler de la vie des autres... Sans doute pour ne pas regarder la leur. Il lui dit que ce sont souvent des gens malheureux, pas en paix avec eux-mêmes. Il lui expose une pensée venant des Amérindiens, dont il essaye de se souvenir le plus souvent possible.

« Ne juge personne avant d'avoir fait mille kilomètres dans ses mocassins ».

Léa ne comprend pas tout, mais la voix de son papa est pleine d'amour. Elle le sait. Elle le sent. Les seuls contacts physiques qu'ils ont entre eux, se passent avec les chevaux, et le bisou du départ au travail le soir. Léa aime quand il lui prend la main et lui pose sur « un nouveau touché » à découvrir. Elle sent alors, la nouvelle chose, son touché, sa forme. Elle caresse cette nouvelle matière avec beaucoup de plaisir, d'attention. Il y a surtout cette sensation qu'elle ne saurait pas expliquer. Léa sent l'amour de son père qui passe par ses gros doigts un peu calleux, mais si doux dans ces instants. Léa dit : « Papa, je sens ton cœur dans ta main ». Il ne comprend pas bien les mots simples de son enfant. Il ressent ce qu'elle veut dire. Câline et moi on se regarde et on se sourit. Les chevaux ça sourient. On rigole même ! On aime. On est heureux et malheureux, on souffre. Si certains prennent le temps de nous comprendre, nous parlons également. Nous communiquons entre nous bien entendu. Nous pouvons également parler avec les deux pattes comme toi, ou avec les petits quatre pattes (les chiens, les chats, les souries...). À la maison où nous vivons, il y a aussi un quatre pattes chien et deux quatre pattes chat. Le chien je m'en méfie encore un peu. Les chats ils sont drôles. Parfois il y en a un ou l'autre qui vient dormir dans mon box. L'autre jour le tigré roux, il a même fait une sieste sur mon dos. J'ai tout d'abord été surpris, mais il dégageait une douce chaleur, très agréable. Je me suis presque endormi, en plus il faisait un drôle de bruit. Un peu comme le tracteur du patron mais en moins fort quand même. Câline me dit : « Quand il fait ce bruit les deux pattes disent que le chat "ronronne" ». C'est rigolo comme mot. Moi je suis encore petit. Je n'ai que trois ans. Je reconnais déjà pas mal de vos mots. Bonjour, le foin, la paille, le grain ; Balayer, tourne, donne le pied. Enfin ça, je comprends mais je n'y arrive pas toujours très bien, pas du premier coup. Et faut pas qu'il me laisse trop longtemps sur trois pieds. Je ne tiens pas encore bien. Câline dit qu'avec le temps nous pouvons tenir de longs moments ainsi. Même si cela n'est jamais vraiment très confortable. Je comprends aussi : T'es beau. J'aime bien quand Rémi dit que je suis beau ou quand il y a des invités. J'adore les « Oh, qu'il est beau ! » Ils disent « chou » pour dire que je suis beau aussi. Parfois il y a des gens qui préfèrent Câline. Je suis un peu bizarre lorsque cela arrive, mais ça ne dure jamais très longtemps. Après je suis très heureux que ma copine plaise. Parce que moi je la trouve de plus en plus craquante.

Elle a des origines d'Arabie. Elle est si belle... Ses poils sont noirs comme le fond du ciel la nuit, à la saison où nous restons jour et nuit au pré. Elle n'a pas peur. Parfois j'entends des bruits... Je ne suis pas rassuré du tout. Elle sait toujours me dire quelque chose de doux. Elle me chante une chanson. Elle se colle à moi et sa chaleur m'apaise...

Elle a une longueur de poil... C'est un rêve ! J'aime de plus en plus me coller à elle. Enfouir mes naseaux dans la douceur de cette robe. Emplir tout mon corps de son parfum ! Léa, elle aime ça aussi. Se coucher et se rouler dans les poils de Câline. Quand son père la porte jusque-là. Elle a des yeux, ma Câline, ils ressemblent aux billes du cousin de Léa, tous ronds, tout beaux. Parfois elle me regarde et elle ne ferme qu'une seule paupière très rapidement. Je ne sais pas ce que cela veut dire... Je la trouve encore plus belle quand elle fait ce battement de cils. Ses sabots ressemblent aux souliers vernis des petites filles. Celles qui sont dessinées dans un des livres de Léa. Léa ne sait pas encore lire, mais elle aime regarder les images, tourner les pages de ses livres d'histoires assise dans l'un ou l'autre de nos boxes... Lorsque Câline marche dans la cours, dans la rue, ses sabots font une belle musique. Au pas si l'on y mettait des mots cela pourrait donner : C'est, beau, la, vie, c'est beau la vie, c'est beau la vie... au trot : C'est chouette, c'est chouette, c'est chouette... au galop : C'est trop bon, c'est trop bon, c'est trop bon. Un rythme régulier dans chacune des ses allures. On dirait qu'elle danse. Elle a de part sa mère des origines espagnoles. Ça doit venir de là cette joie de vivre... Ce qu'elle est belle ma câline ! Et si douce quand elle me réconforte la nuit au pré... Quand elle prend soin de ne pas bouger lorsque Léa est dans ses pieds, sur son dos ou simplement à proximité. Elle est toute douce, dedans et dehors. Elle m'aide aussi pour mieux comprendre les demandes du patron. Elle m'indique ce qu'il apprécie, ce qu'il n'aime pas... Si je m'en souviens, j'essaye de faire bien comme il faut, afin qu'ils soient fiers de moi, autant Câline, que Rémi.

Je l'appelle Rémi mais Câline dit qu'il ne faut pas être trop familier avec lui au début. Cela vient avec le temps. Parfois j'ose. Il me remet poliment à ma place : « Bébé cheval ». Il m'appelle... Au début je trouvais ça sympa, maintenant je préfère quand il m'appelle : « Jeune homme ». Je ne sais pas pourquoi mais « bébé cheval » ça me vexe. Je suis plus haut que Câline maintenant... Alors ? Je ne suis plus un bébé, voilà tout ! Il est toujours très gentil et patient avec nous. Enfin, Câline n'a pas besoin de sa patience. Elle sait toujours ce qu'il faut faire. Le patron il dit souvent : « Elle est incroyable cette jument, on dirait qu'elle comprend tout. Elle devine à l'avance parfois. C'est incroyable ! » Je ne comprends pas pourquoi il ne comprend pas. C'est pourtant simple. Nous vivons avec vous et nous apprenons à vous connaître, à vous comprendre. À voir comment Câline est intégrée dans cette maison je crois qu'elle sait comprendre les deux pattes ! Je pense que si nous les comprenons, les choses que l'on partagera seront merveilleuses. Il suffit de regarder Câline et le patron. Ce n'est que du bonheur !

NOTRE VOISIN

Ce n'est pas comme pour notre voisin de parc... Il y a quelques lunes, un monsieur a déposé son cheval au pré. En le lâchant il lui a crié : « Tu as de la chance de ne pas avoir été vendu cette fois ! Tu vas y finir, si tu continues ! » Il avait une voix très désagréable ce deux pattes-là ! Jamais je n'aurai pensé qu'un Homme puisse parler ainsi. Je suis bien content que le patron est une voix douce, et Léa ? Encore plus douce ! Ouf ! Il faut bien apprendre à les comprendre. Comme Câline c'est si bien le faire. Je vais suivre son exemple...

Nous avons essayé de parler à notre nouveau voisin. Nous sommes arrivés au galop, « c'est trop bon, c'est trop bon, c'est trop bon »... salut toi comment qu'c'est ? Il n'a pas répondu. Pendant trois jours et trois nuits. Câline et moi nous demandions s'il comprenait notre langue ? S'il existait peut-être des chevaux qui ne parlaient pas cheval ? Nous n'avions pas de réponse. Il restait même indifférent à mes plus grandes cabrioles. Qui émerveillent tout le monde, surtout Léa. Elle applaudit toujours en rigolant très fort quand je fais le clown. Mais lui, il ne voyait rien. Il n'entendait rien. Il n'avait même pas touché à l'herbe pourtant si belle, si grâce, si bonne... Le quatrième jour nous étions à cours de blagues, de cabrioles. Nous avons baissé les pattes, et ne nous sommes plus occupés de lui. Nous n'avions pour la première fois de notre vie, pas envie de jouer, ni de rire. Câline mâchait le même brun d'herbe depuis un long moment. Je restais là, sans bouger… à me demander pourquoi il ne voulait pas nous parler.

Je ne sais pas combien de temps ce long silence a duré. C'est notre voisin qui a commencé à parler. Au début nous ne comprenions pas très bien ce qu'il nous disait. Il parlait une langue particulière. Elle aurait pu ressembler à la nôtre. Elle se mélangeait souvent avec la tienne… Câline arrivait à décoder. Elle me traduisait : « Il s'appelle "Oléon" c'est un cheval de concours. Avant il était bon. Il n'y arrive plus. Son propriétaire malgré les années ne parle toujours pas un mot de cheval. Il s'y prend tellement mal que ce pauvre "Oléon" a dû finir par être violent pour que son maître arrête de le monter. De le battre. »

Moi : « Qu'est ce que ça veut dire "battre" ? »

Oléon prend la parole : « Tu vois petit ».

Sa voix est très grave, très lente, très fatiguée.

« Battre » c'est quand tu ne fais pas comme ton maître le veut. Il te frappe avec une cravache ou avec ses jambes ou avec ce qu'il trouve à porter de sa main. Tu sais ? Souvent il me bat parce qu'il me demande des choses d'un côté et m'empêche de les faire d'un autre. Par exemple, depuis que l'on saute des obstacles ensemble. Il me met des grands coups dans la bouche presque à chaque foulée… Je m'y suis habitué. C'est qu'à force cela me fait très mal au dos.

Moi : « Je ne comprends pas pourquoi le fait de se faire tirer dans la bouche peut faire mal au dos. »

Oléon : « Quand il tire dans ma bouche, cela me fait bien plus mal au dos qu'à la bouche. À chaque fois que j'ai besoin d'avancer ma tête, d'allonger mon dos… C'est-à-dire à chaque foulée… Il tire dans l'autre sens. Il amplifie le "massage" avec ses grosses fesses bien lourdes. Qui me tapent dans la colonne vertébrale. Je sais qu'avec le temps mon dos me fait de plus en plus souffrir. Je n'arrive plus à faire comme autre fois. J'ai trop mal. Pour ne rien arranger depuis la saison dernière, il m'inscrit dans de grosses épreuves. C'était déjà difficile avec des obstacles plus petits... Aujourd'hui je n'arrive plus à lui faire gagner ses coupes et autres récompenses. Alors il me bat. »

Moi : Mais si tu n'y arrives pas il n'a qu'à arrêter. Te mettre au pré, te laisser là, avec nous ? On deviendrait copains.

Oléon : Tu sais les humains si tu ne leur sers plus, ils te vendent à la boucherie.

Moi : À la boucherie ? C'est cela qu'il t'a crié l'autre jour ?

Oléon : Oui petit.

Moi : Mais c'est quoi ?

Oléon : J'espère que tu n'auras jamais à le savoir petit. Vraiment.

Il avait la voix qui tremblotait tout à coup.

Moi : « Je ne sais pas ce que cela représente, mais je te souhaite de ne jamais le savoir non plus ».

Une goutte a coulé de son œil. Il n'a rien dit, à part merci... Il a tourné les sabots et fait semblant d'aller manger de l'herbe. Nous avons bien vu avec Câline qu'il avait ses étranges gouttelettes qui pouvaient sortir des yeux des enfants. Tout d'un coup s'en crier « gare » se transformer en des torrents qui semblent inaltérables. Ces gouttelettes, Câline dit que cela s'appelle des larmes. Lorsque ces gouttes tombent, cela s'appelle pleurer. Oléon pleurait tout seul dans son pré. Je voulais lui parler, le rassurer. Comme quand j'ai peur et que Câline me réchauffe le cœur, le corps. Câline pense qu'il faut le laisser tout seul. Il a besoin de se retrouver.

CONFIDENCE

Tu sais il faut que je te dise une petite chose à toi qui lis cette histoire. Je voulais faire cet ouvrage tout seul... Mais le dernier ordinateur, comme tous les autres, n'a pas résisté à mon coup de pattes particulier. J'ai donc pris un humain au travail... C'est une fille. J'aime bien les filles. Elle se débrouille mieux que moi avec l'ordinateur... Même si... Elle tape maintenant avec deux doigts ! Pourtant elle en a... Cinq à chaque main. Je lui donne à manger ce qu'il lui faut pour sa santé, son plaisir. J'ai dû apprendre ses attentes, ses besoins. Normal, lorsque l'on vit avec quelqu'un qui n'est pas de la même espèce il faut le connaître afin de le respecter. Respecter sa façon de vivre au naturel. Je réponds favorablement à chacune de ses attentes, je veille à ce que ses conditions de vie soient respectées. Elle a un caractère difficile, mais ma méthode a l'air de lui convenir. Nous travaillons ensemble. Je ne lui donne pas d'ordre, elle ne m'en donne pas. Nous avons décidé d'un commun accord, d'essayer de parler le plus souvent possible au présent. Comme si chaque chose écrite dans ce livre, se passe « maintenant tout de suite » sous nos yeux, nos doigts, nos narines, nos sens. Laisse-toi transporter par l'histoire et tu sentiras peut-être les odeurs. Peut-être entendras-tu les sons qui proviennent de cette histoire. Sentiras-tu la chaleur dégagée par Câline, la cannelle sur les tartes aux pommes. Peut-être entendras-tu les oiseaux, les rires de Léa... Nous te le souhaitons. Si cette histoire t'est lue... Si tu le peux n'hésites pas à fermer les yeux, et à te... laisser aller. Si tu lis tout(e) seul(e). Bravo ! n'hésite pas à te laisser « envahir » par tes bonnes sensations. Après ou pendant la lecture, fermes les yeux. Tu sais que l'on ne vit pas les choses de la même façon. Que l'on ait les yeux ouverts ou fermés. Si tu le peux, ferme les et laisse faire... Chuuuuut.

COURS D'ORIENTATION

Moi : « On peut se perdre soit même ? »

Câline : Oui, cela peut arriver parfois.

Moi : Mais comment est-ce possible ?

Câline : « C'est très compliqué à expliquer. Et puis tu es pénible à vouloir tout savoir sur tout. N'oublie pas que tu es un cheval, pas un être humain ».

Ma copine je l'ai remarqué, n'apprécie pas les problèmes ou les questions dont elle ignore la réponse. Si elle pense que sa connaissance sur le sujet n'est pas à la hauteur de mes attentes, elle se tait. Je sais qu'elle n'aime pas cela.

Moi : « Si je les connais bien les humains je pourrais peut-être en devenir un, à mon tour ? »

Câline : Ha ! Je m'en doutais ! Tu veux devenir un humain ? Ce n'est pas possible mon pote ! T'auras toujours quatre pattes. Tu ne parleras jamais. Ne te perds pas !

Moi : « Il y a quelques instants tu me disais que c'était compliqué. Maintenant tu me mets en garde de ne pas me perdre. Il faut que tu me dises comment ne pas me perdre ! Explique-moi ! Toi, tu sais plus de choses que moi ! J'ai peur maintenant. Si je me perdais et que je ne te retrouve plus ? Que ferais-je sans toi, sans le patron et loin de Léa ? Câline »...

Je me suis mis à trembler, à avoir vraiment peur. J'ai à mon tour senti quelques larmes sortir de mes yeux. C'est curieux comme sensation. Tu sens la goutte se former petit à petit et tout d'un coup elle est comme expulsée de l'œil. Puis une autre en formation, puis une autre. Il n'y en avait pas autant dans mes yeux que dans ceux de certains enfants que j'ai déjà croisés. Léa, ne pleure presque jamais.

Câline : « Eh bien ! Mon gros ballot, ne pleure pas. Tu ne vas pas te perdre avec ton corps dans un endroit loin de nous. Tu peux te perdre en restant ici juste à côté de nous. »

Moi : Je ne comprends pas ? Comment voudrais-tu que je me perde, si je suis là ?

Câline un peu énervée : Je vais essayer de t'expliquer. Je ne suis pas une spécialiste. Je n'ai pas fait de grandes écoles. Bon, je vais te donner un exemple : « Si tu es un cheval et que tu veux devenir un deux pattes, un humain ».

Elle marque un long moment de pause avant de continuer.

Câline... « Si tu veux devenir un humain. Reprit-elle. Tu vas te perdre toi-même. Parce qu'humain tu ne seras jamais. Comme tu ne seras jamais un chien, un chat, une brouette, une poule ».

Moi : Une poule ? C'est quoi une poule ?

Câline : Arrêtes. Tu veux que j'essaye de t'expliquer comment ne pas te perdre ? Ou ce qu'est une poule ?

Moi : Tout ? Ce n'est pas possible ? Le bon chemin et la poule, ça, non, hein ! Alors le bon chemin. On verra pour la poule une autre fois. Je sens que ne pas me perdre risque d'être compliqué à comprendre, mais très utile. Vas-y. Je t'écoute.

Câline : Si tu veux devenir un humain...

Moi : Mais tu l'as déjà dit ça !

Câline : Oui, je fais ce que je peux. Si tu... Tu seras malheureux. Parce que tu ne sauras plus être un cheval... Et tu ne seras pas un homme non plus. Personne ne te comprendra. Tu seras triste de ne pouvoir faire ce que font les gens.

Moi : C'est quoi malheureux ?

Câline : J'arrête, si tu continues !

Moi : Je me tais. Je me tais. Mais aujourd'hui il y a beaucoup de choses nouvelles.

Câline : Et tu seras triste de ne pas faire que ce que font les chevaux !

Moi : Mais pourquoi je ne pourrais pas faire ce que font les gens ? Et pourquoi je ne serais pas heureux de faire ce que font les chevaux ? C'est bien, ce que font les chevaux !

Câline : Les humains conduisent des tracteurs, des voitures. Ils écrivent. Ils plantent des clous. Ils font de la peinture. Ils mangent des aliments étranges...

Moi : Et pourquoi moi je ne pourrais pas faire tout cela ?

Câline : Et comment tu tiendrais un stylo, un marteau ? Comment tu rentrerais dans une voiture ? Comment tu parlerais avec eux ?

Moi : Mais toi tu parles bien avec eux ? Non !

Câline : Ce n'est pas vraiment parler. Tu comprendras. Bientôt...

Moi : Je ne comprends pas tout, mais un peu, je crois. Je ne te vois pas toi, arriver au volant de la voiture. Ce serait très marrant. Mais pas possible, hein !

Câline : C'est ça garde en mémoire cette image de moi au volant de leur voiture. Et rappelle-toi toujours comme c'est drôle. Tu ne pourras jamais faire ce que font les humains. Eux, ne peuvent pas faire le cheval. Même si la plupart d'entre eux pensent savoir faire mieux du cheval que nous... Encore une chose. Cette façon d'être drôle n'est pas la même que lorsque tu ris d'une blague de Léa.

Moi : Oui, tu as raison ce n'est pas la même chose.

Câline : « Une des deux façons de rires que nous avons là, c'est du rire gentil, de bonne humeur, de joie. Ça, c'est quand Léa grimpe sur le tracteur, et klaxonne son père qui tarde à venir, à cet instant tu ris de joie. Lorsque tu ris en m'imaginant dans la voiture. C'est de la moquerie. Tu comprends la différence Guitariste » ?

Il est très rare que quelqu'un m'appelle par mon nom. En général c'est sérieux.

Moi : Je sens bien une différence entre ces deux façons de rire effectivement. Qui a t-il de mal de rire de l'une ou l'autre façon ?

Câline : Tu préfères quand nous rions de tes cabrioles ? Ou quand tu fais un faux pas et que les deux pattes rigoles ?

Moi : Quand je fais des cabrioles, bien entendu ! Les autres fois, je me sens vexé.

Câline : Voilà tu as compris. Il y a une façon de rire gentille et douce. Une autre bien moins gentille, une façon qui ne viendrait pas de ton cœur, de ta bonté ! Ne te mets pas dans des situations ridicules ! N'oublies pas que les autres ressentent des vexations, des douleurs, des joies, des peines... je vais te raconter une très ancienne histoire d'un petit garçon terrible, fils d'un gentil papa cow-boy :

« Donc, ce gentil papa cow-boy avait un garçon terrible. Il faisait toutes les bêtises possibles, il faisait du mal aux gens, aux animaux. Le gentil papa cow-boy était très triste du comportement de son fils. Ce brave homme ne voulait pas de violence. La situation devenait pourtant très difficile, la maîtresse ne voulait plus de ce voyou en cours ; Il n'avait pas d'ami tellement il était insupportable. Il faisait souvent pleurer sa maman. Un jour le gentil papa cow-boy lui dit qu'à chaque fois qu'il fera du mal à quelqu'un sa "punition" sera de planter un clou dans une planche, toujours la même, mise à sa disposition pour ce travail. Il lui dit que le jour ou il ne plantera plus un seul clou ils reparleront de cela. Le premier jour le garçon a planté dix clous... Le lendemain également. Au bout de quelques jours il ne plantait plus que sept clous par jour. Puis cinq, puis un clou par jour. Puis vin le jour ou il ne planta plus un seul clou. Il y avait alors cent clous de plantés. Ses relations étaient maintenant très bonnes avec tout le monde. Fièrement il va en parler à son gentil papa. Son père le félicite beaucoup. Il lui dit que maintenant il allait pouvoir retirer un clou à chaque fois qu'il ferait du bien. Qu'il revienne parler de cela quand il n'y aurait plus aucun clou. Les jours ont passé. Et enfin le garçon va voir son père en lui disant qu'il n'y avait plus aucun clou. Alors le père le félicite cette fois encore, beaucoup. Puis, il prend la planche, l'a mise à contre-jour et a montré les cent trous à son fils en lui disant : N'oublie jamais que le mal que tu fais est fait. Regarde ces trous. »

Moi : Ben dit donc. Elle me remue de dedans ton histoire...

Câline : Tu n'es pas terrible comme le garçon. Tu es un bon cheval. Mais que l'on soit gentil ou terrible. Humain ou animal le mal que l'on fait est fait ! Il faut s'en souvenir. Ce n'est pas toujours facile... Je vais marcher et brouter un peu plus loin, à plus tard...

RÊVE DE MARIAGE

Tranquillement le sol se met à chanter au rythme de ses foulées : « C'est chouette, c'est chouette, c'est chouette... » Ces quelques notes de trot, l'ont menée un peu plus loin. Je la regarde... Comme elle est belle. Et savante par-dessus le marché ! Je suis heureux d'avoir une telle copine.

Plusieurs questions me traversent l'esprit. Pourquoi Oléon a l'air si étrange ? De quoi il parle quand il dit « maître ». Cheval d'obstacle c'est quoi ? C'est grave si on va à la boucherie ? Pourquoi il ne parle plus bien cheval ? Il faut vraiment que je lui demande tout cela... Pourvu que je le comprenne.

Ce soir le patron vient nous chercher. Nous passons la nuit au chaud. Je suis content je verrais Léa un peu plus longtemps. Elle vient nous voir tous les jours depuis que je suis là. Même quand on passe la nuit au pré. Quand on dort à la maison nous la voyons de longs moments. Câline et moi nous trouvons toujours que ces moments sont trop courts ! Mais à la maison ils sont plus longs que quand on dort « à la belle étoile » comme il dit le patron. Ce soir c'est « Léa longtemps ». Super ! Si elle vient avec son père je lui montrerai quelques nouvelles pirouettes que j'ai trouvées ce matin.

Les voilà ! Tous les deux ! Comme d'habitude ! Rémi porte un sceau, sans doute de ces délicieuses pommes du jardin. Câline hennit. Léa appelle et rit. Comme chaque jour. Je ne sais pas hennir... Je n'y pense pas au bon moment... Je suis tellement content de la voir. J'ai tellement envie de l'entendre rire, que je pars faire mes cabrioles. Quand je reviens tout essoufflé. Pfffrt. Elle me caresse le bout du nez. Si je pense à descendre ma tête assez bas, elle me fait un bisou entre les deux naseaux... J'adore ça. Le patron n'aime pas quand Léa est trop près de moi. Il dit que je suis encore un peu pataud. Ça je ne sais pas. Mais je ne sais pas hennir... Ça c'est sûr. Zut !

Alors Léa recule docilement. Il est gentil le patron, mais on comprend bien quand il ne faut pas aller plus loin. Léa, elle le sait aussi. Il ne la gronde jamais. Geoffroy, c'est le cousin de Léa. Je ne l'aime pas tellement. L'autre jour il m'a tiré un poil de la barbe. Je n'aime pas ! Après il a ri comme quand ce n'est pas agréable. Ses parents n'arrêtent pas de le gronder. Il fait toujours des bêtises. À croire qu'il ne comprend rien au langage des siens. Si son papa lui dit : « Ne va pas dans le box ». Tu es sur qu'il y fonce directement. C'est curieux non ? Quelqu'un devrait lui raconter l'histoire de la planche à celui-là... Je comprends que je n'ai pas fait mille kilomètres dans les baskets de Geoffroy... Il ne faut pas juger... Est-ce que c'est jugé que de ne pas aimer quelqu'un qui t'arrache les poils de la barbe ? Léa, elle s'est un peu comme Câline. Elle comprend tout. Souvent avant que quelqu'un lui explique. Comme par magie.

Je reviens, quelques cabrioles à faire... Oupla, boum, trallalalala, douing, encore une accélération, Fzzzzzzzzzz, bing bang boum... Je m'éclate. Ils rient tous les trois. J'adore les entendre rire. Ça suffit. Je suis tout fatigué... et j'ai bien mérité mon bisou de Léa.

Je m'approche au trot. Je ralentis, sinon le patron il va nous séparer avant qu'on ne se touche. Hop ! Je rétrograde au pas. Me voilà ma belle, tout en douceeeeeeur...

Elle m'a fait mon bisou ! Oh qu'elle a les mains douces, et ses lèvres ont un goût de miel ! Un jour je me marierai avec Léa. Comme la voisine a épousé son Chat. Elle dit même que depuis qu'elle le connaît, c'est elle qui habite chez lui... Pour Léa et moi il n'y aura pas de problème. Nous habitons déjà dans la même maison. Pas besoin de déménager. Le mariage ça a l'air vraiment bien. Corinne, la maman de Léa, l'autre jour discutait avec une dame de la famille. Une tante je crois. Elle disait que son futur mari était vraiment charmant. Qu'ils allaient avoir une belle maison, des chiens, des chats. Qu'ils partiraient en voyage tous les deux. Qu'il gagnait bien sa vie. Enfin elle était amoureuse, et heureuse. Moi je ne sais pas tout, mais les voyages avec Léa j'en rêve. Nous partirons avec Câline à travers la nature, à travers les pays. Je la porterai sur mon dos. Nous rencontrerons des gens et des animaux de partout. Ce sera merveilleux. La maison nous l'avons déjà. « Bien gagner sa vie » ça ne doit pas être important. Nous avons même le chien et les chats. Nous avons tout, sauf « bien gagner sa vie ». Je pense que nous devons avoir l'essentiel. Je parle de Léa comme cette dame parle de son futur mari. Léa doit parler de moi de la même façon. C'est sûr. Il suffit d'attendre... Que Léa soit plus grande. Que je sois moins pataud.

On se mariera. On partira en voyage. Elle aura le droit de me caresser. De monter sur mon dos, enfin tout quoi !

Ce que je ne sais pas, c'est comment nous saurons qu'elle est grande ? En hauteur elle a déjà poussé... Avant, elle tenait dans une petite caisse en tissus avec des roulettes. Ensuite elle se déplaçait de bras en bras. Ensuite elle a marché à quatre pattes. Comme nous. Ensuite, debout en tenant la main d'un grand. Puis toute seule. Depuis que je la connais elle tient debout. Câline m'a raconté l'évolution... Pour mesurer sa taille j'ai un repère. Quand le tracteur est arrêté devant mon box je repère où arrive le haut de la tête de Léa. Au début c'était au deuxième écrou de la roue arrière. Maintenant elle fait presque un grand bout de pain sec de plus. Elle atteint presque le dessous des écrous du milieu. Son papa arrive bien au-dessus de la roue. Je pense qu'elle sera grande quand elle aura la hauteur de la roue arrière. Ça devrait suffire pour être grande.

Quant à moi il faut que je règle quelques paramètres : Vitesse de décélération, de courbes, enfin des problèmes mécaniques... Afin de ne plus être pataud.

Vivement notre mariage !

LA PATTE SACRÉE

Nous voilà rentrés. Quel bonheur ! Un grand box, tout propre, tout confortable, de l'eau claire. La paille est belle. Le foin sent bon, et le grain arrivera juste après les soins. Comme il dit le patron.

Pour les soins, je suis un peu chatouilleux. Câline ne bouge pas. Elle me dit qu'elle trouve cela vraiment agréable ce petit massage. Moi je ne trouve pas ça agréable du tout ! Ça me chatouille, alors je bouge. Le patron il n'aime pas quand je bouge, mais il essaye de frotter moins fort. Rien ni fait. Quand ça chatouille, ça chatouille ! En plus je trouve que ce sont des grands massages, pas des petits. Voilà, je vais me faire « chatouiller ». Je te retrouve plus tard.

Léa m'a regardé toute la durée des « soins ». Cela ne m'a pas rendu moins chatouilleux. J'ai essayé de moins bouger, de faire attention comme Câline fait attention ! C'est difficile. Le patron est content. Léa a eu le droit de me caresser l'antérieur. C'était le droit. Cette patte. Moi, j'aime bien dire patte... Est devenu « ma patte sacrée » la « patte de Léa ». Wouha, c'est de la balle ! La balle en cheval c'est le round balleur de paille ou de foin. Alors quand tu dis « c'est de la balle » ça veut dire que le truc dont tu parles c'est bien comme une belle botte, de belle paille... La caresse de Léa ? C'est mieux que toutes les belles bottes de paille du monde, de foin, même que les très bonnes pommes du jardin... C'est meilleur que tout ! Enfin peut-être pas que la douceur de Câline quand même. Ça je ne sais pas. Ce n'est pas très clair pour moi.

Tout le monde est très contant. Il y a comme une ambiance de fête dans cette maison, lorsque quelqu'un arrive à faire une nouvelle chose. Que ce soit Léa qui apprenne à tenir debout. Il lui a fallu bien plus longtemps qu'à moi par exemple. Mais ses parents sont patients. Ils ont fait une fête quand Léa tenait, enfin, debout. Cela a pris plus de une année ! Tu te rends compte ? Les chevaux nous marchons dès la naissance... Comme je me suis tenu tranquille, ils vont peut-être invité du monde...

Câline « Mon loulou ». C'est comme ça qu'elle m'appelle d'habitude. J'aime bien. « Tu es perdu dans de curieuses pensées. Les hommes ne font pas de fêtes quand un jeune cheval arrive enfin à ne pas se trémousser dans tous les sens à chaque fois qu'une brosse l'approche. »

Moi : Je bouge tant que cela ?

Câline : Même encore un peu plus, tu es insupportable. Tu as de la chance que ce soit Rémi notre patron. Tu sais ?

Moi : Non. Je ne sais pas. Tous les humains ne sont pas comme lui ?

Câline : « Non. Hélas mon pauvre ».

Elle a une drôle de voix en disant cela. Une voix triste, lente, un peu comme celle de Oléon toute à l'heure.

Moi : « Qu'est ce que tu as ma douce ? »

Je ne l'avais jamais appelé comme cela au paravent. C'est venu tout seul.

Câline : Rien mon lou, rentre manger ton grain. Je vais me laisser faire un de ces merveilleux petits massages, qui me font tant de bien. Ensuite j'irai manger à mon tour et nous dormirons. Cette journée a été rude, non !

Moi : « Oui, ma douce, va te détendre ».

Elle me regarde en passant devant mon box. Elle ralentit. Ferme les deux yeux en même temps très délicatement. Je ne l'ai jamais vu comme ça. Elle est belle, mais pas comme d'habitude. Une fois encore elle a raison. Je suis fatigué. Jamais je n'avais vécu une journée avec autant de choses dedans... Que de questions...

Voilà mon grain ! J'ai faim ! Hum ! Il a rajouté des carottes. J'adore les carottes. C'est frais et sucré... Ça croque sous les dents. C'est un régal ! S'ils mangent aussi bien que nous... Chrounchch, miam... La patronne est une bonne cuisinière ! Je me régale, régale, chrounch, chrounch, rég... Chrounch... ale !

Tien ! J'entends le patron qui parle à Câline. Sa voix est étrange. Que lui dit-il ?

Patron : « Eh bien ! Ma belle, tu n'as pas l'air d'aller bien ! »

Câline : Ça va Rémi, ça va.

Patron : Tu n'as pas passé une bonne journée ?

Câline : Si, ça va, je te dis. Rien de grave, le petit m'a fait repenser au passé. Quand je n'habitais pas encore avec toi.

Patron : Tu n'as vraiment pas l'air bien. Je ne t'avais plus vu comme cela depuis ton arrivée ici.

Câline : C'est cela, je me souviens de ma maison d'avant. J'ai eu la chance de te rencontrer mais d'autre y sont restés...

Patron : Tu es là maintenant. Tout va bien tu sais ? Et puis Léa elle t'aime beaucoup aussi. Tu sais ?

Câline : « Celui qu'elle aime, c'est le petit ! »

C'est moi qu'elle aime ? Bien sûr, nous allons nous marier !

Patron : Allez vient ma belle s'est fini pour aujourd'hui. Rentre manger ton grain. Passe une bonne nuit et demain tu verras… Tout cela ira mieux.

Il ne la raccompagne jamais. Il ouvre le licol. Elle recule, elle fait demi-tour. Vient me voir, et rentre tranquillement dans ses appartements.

Ce soir elle s'est à peine tournée vers mon box, pour me lancer un de ses regards qui te font battre le cœur à transpercer la cage thoracique. Son regard ce soir me fait mal au cœur. Que se passe-t-il aujourd'hui ?

J'ai rêvé ou le patron il ne comprenait pas ce qu'elle disait ?

Moi : « Câline, je peux te parler ? »

Câline : … (silence)

Moi : Câline ?

Tu dors ?

Câline ? Pourquoi tu ne réponds pas ?

Câline ma douce ? J'ai dit quelque chose qu'il ne fallait pas ?

Ai-je ri d'une façon qui t'ai vexé ?

Câline : Non, mon lou, je repense au passé.

Moi : Mais quel passé ? Tu ne m'en as jamais rien dit.

Câline : J'aurai préféré ne jamais t'en parler.

Moi : Mais pourquoi, je suis ton ami ? N'est-ce pas ?

Câline : Oui, tu es mon ami. Je t'en parlerai juste un peu, mais pas ce soir… Je suis fatiguée.

Moi : Oui, ma douce, dors bien. Et surtout sèchent tes larmes que j'entends perler.

Câline : Merci, Guitariste, tu es un prince. Bonne nuit.

Moi : « Bonne nuit »...

Je suis fatigué. Je vais dormir. Demain il faudra que je pense à demander toutes ces choses à Oléon. Ce lit est vraiment confortable... Rémi, et Léa ne vont plus tarder à venir nous dire bonne nuit...

Les voilà ! Haaaaaa... Je bâille, vraiment fatigante cette journée.

Rémi : « Bonne nuit jeune homme, fais de beaux rêves. Et encore bravo pour ta conduite aux soins ! »

Léa : Bonne nuit Guitariste.

Moi : Bonne nuit tous les deux. Travaille bien patron. Fais de beaux rêves Léa. Si tu rêves de moi et que je rêve de toi... Alors peut-être nos rêves se rejoindront.

Léa : (Pense et je l'entends). Oui, ce serait super je vais essayer.

Je n'en reviens pas. J'ai compris ce qu'elle avait dans la tête !

Je les entends dire bonne nuit à Câline. J'entends Léa répondre, nous répondre plus clairement qu'à ses propres parents... Il faut que j'en parle à Câline.

Moi : Câline ?

Câline : Oui. Tu as bien entendu Léa. Tu verras c'est très curieux. Tous les humains ne nous comprennent pas. Ce qui est le plus curieux ? C'est que ceux qui nous comprennent n'y arrivent pas forcément toute leur vie.

Moi : Tu veux dire que parfois ils peuvent ? Parfois pas ?

Câline : C'est cela.

Moi : Je ne comprends pas. Pourquoi, ils veulent et d'autres fois ils ne veulent pas ?

Câline : Ce n'est pas vraiment une question de vouloir. Cela dépend de ce qu'ils ont dans le cœur. Je crois.

Moi : Ha ?

Bonne nuit ma douce.

Câline : « Bonne nuit, mon loulou ».

LES SABOTS DE CÂLINE SONNENT FAUX

...

Le patron rentre du boulot dans peu de temps. Je le sais car le soleil commence à caresser les collines... Et j'ai très, très faim ! J'ai bien dormi. Mais Je n'ai pas rêvé de Léa. Cette prochaine nuit peut-être. Aujourd'hui il faut que je parle avec Oléon. Je me demande, ce que sont « les maîtres, et la boucherie, et les chevaux d'obstacles ? Est-ce que ces trois choses vont ensembles » ? Il saura me répondre je l'espère.

J'entends Câline qui se réveille.

Moi : « Bonjour Câline, tu as bien dormi ? »

Câline : Bonjour mon lou. Ça a été et toi ? Cette nuit s'est bien passée ?

Câline a une voix très lente, très grave, très, triste ?

Moi : « Ma douce tu as la même voix qu'hier soir, tu es triste ? C'est le passé ? »

Patron, patron dépêche toi d'arriver ! Câline est triste ! Ouvre-moi cette porte que je la console ! Mais que fait-il ce matin ? Je deviens fou. Il faut que je me colle à Câline. Je ne supporte pas de la savoir autrement qu'heureuse.

Câline : « Arrête Guitariste tu es fou ! Tu vas tout casser là-dedans ! Tu as mal quelque part ? »

Moi : Je ne sais pas. Je me sens serré dans ce box. Je me sens serré dans mon corps, lorsque tu ne vas pas bien. Je ne supporte pas d'être loin de toi. Je voudrais te réconforter comme tu l'as déjà si souvent fait pour moi. Je n'arrive pas à ouvrir cette porte qui me tient loin de toi.

Câline : Ne t'énerves pas mon prince. Tu es un amour de compagnon. Tu es le meilleur ami que l'on puisse avoir. Je vais mieux. Tes mots, tes pensées viennent de me réchauffer le cœur, le corps. Merci, tiens-toi tranquille. Nous serons ensemble toute la journée après le petit-déjeuner.

Moi : Oui, ma douce. Tu es sûre que tu te sens mieux ?

Câline : « Oui, je t'expliquerai plus tard dans la journée... mon passé. Il faut que tu saches la chance que nous avons de vivre dans cette maison. »

Le patron arrive enfin. J'ai faim !

Il nous salue rapidement mais chaleureusement et entre dire bonjour à ses femmes. J'entends Corinne lui dire que j'avais beaucoup tapé au box ce matin. Le patron est surpris. Jamais je n'avais fait cela au paravent. Curieusement hier soir aux soins je m'étais tenu un peu plus calme que les autres jours.

Il emmène Léa. Je l'entends descendre les escaliers. Elle discute fort ce matin. Quelle énergie cette enfant ! Elle sort de la maison comme une tornade. Fonce directement sur mon antérieur droit « ma patte sacrée » ! Je suis surpris... Mais je ne bouge pas d'un poil. Je suis envahi par la surprise, la joie, la douceur de ses mains, de la chaleur de son corps qui serre très fort ma patte ! J'ai une larme qui coule. Je suis pourtant certain de ne pas être triste ! Je crois l'entendre me dire. Ça va mon beau je suis là. N'aie pas peur.

Je n'ai pas peur. Mais comme c'est bon toute cette douceur !

Le patron est surpris également. La petite court jusqu'à mon antérieur et je n'ai pas bougé. Il se dit : « Ce matin il démonte presque le box ? » Il ne bouge pas quand Léa déboule comme une furie. « Curieux, curieux ! »

Ensuite ils vont dire bonjour à Câline. J'entends Léa lui dire : « T'inquiète plus ma belle. Je dirai à papa de laisser le verrou de Guitariste ouvert. Comme ça si tu es triste il pourra venir te consoler... »

Câline : Merci, belle enfant, tu dois être un ange. Ce ne sera pas nécessaire, le petit va apprendre à se contrôler.

Moi : Chrunch, chrunch, miam ; que ch'est bon, crac, croc, quelle régale, cha va Cwaline tu te réchrunch croc... chgal aussi ?

Câline : Mmmxoui, chrunch, croc, crac chrrunc. Mais tu chais que chrcrunch je n'aime pas croc cro parler en manchant crunch.

...

Nous sommes en route pour le pré, la corde du licol de Câline dans la main droite du patron, moi il me tient plus ferme, dans sa main gauche. Je suis parfois un peu fougueux... Ce matin je serai calme. Tous ces événements depuis hier me chamboulent un peu...

Quelque chose ne sonne pas juste dans les notes que produisent les sabots de Câline. Le patron s'en aperçoit également. Il regarde ses membres, avants, arrières. Il ne voit pas de boiterie. Il décide que nous dormirons à la maison cette nuit encore. Câline m'inquiète. Je n'avais jamais entendu cette sorte de musique lente, triste, comme fatiguée.

Ca y est nous arrivons. Je me contrôle... Les croupades arrivent en force au bout de mes pattes. Je ne vais pas pouvoir attendre très longtemps avant de faire « le couillon ».

Comme il dit parfois le patron. Ça y est je suis en liberté. Regardes Léa toutes ces pirouettes et autres clowneries. Ho ! Que c'est bon de faire un peu d'exercice ! Ils rient. Câline ne fait que sourire. Oléon est venu à la clôture. Léa lui a amené une belle pomme. Je me rapproche d'eux. Je dois penser à ralentir, loin de la petite. Rétrogradation, programmée... Passage au trot... Trop d'énergie ! Je trotte, mais alors c'est curieux. Je rebondis presque sur place ! C'est rigolo ! J'aime bien ! Doing, doing, doing, doing. J'entends le patron se dire : « Mais c'est qu'il passage ce petit-là ! »

Je ne sais pas si ce que je fais c'est ce qu'il appelle « le passage ». Si c'est trotter presque sur place. Je trouve ça bien. Je vais lui refaire ;

Doing, doing, doing, doing. Ha, ha, ha, ha. C'est bon ! Je suis comme la balle jaune avec laquelle joue parfois le chien de la maison. Elle rebondit aussi facilement que moi. Est-ce que les balles ont mal ? Est-ce qu'elles ressentent des émotions ?

Je me suis bien défoulé. Je vais voir si je n'arrive pas à avoir un petit câlin ou bisou de Léa avant qu'elle ne parte vivre sa journée de petite fille. Hier, elle n'est pas passée devant la roue arrière du tracteur. Je ne sais pas si elle a grandi. Il ne me semble pas.

Moi : « Au revoir Léa, à ce soir, amuse-toi bien ! »

J'entends les pensées de Léa : « Au revoir Guitariste, amuse-toi bien. Si tu peux essaye de remonter le moral d'Oléon. Il n'a vraiment pas l'air heureux ! Au revoir Câline, j'espère que tes sabots sonneront justes ce soir. »

Câline et moi en même temps : « Bonne journée Léa, à ce soir. »

Moi à Câline : Toi aussi tu entends Léa penser ?

Câline : Oui, je t'entends toi aussi, et beaucoup d'autres. Tu sauras aussi. Tu as l'air bien parti.

Moi : Merci, je suis surpris, cela n'a commencé qu'hier... C'est vraiment étrange.

Câline : Au début c'est surprenant... Il ne faut jamais que tu oublies que cette capacité n'est pas acquise pour la vie ! Si tu veux continuer à les entendre, cela ne sera possible que tant que ton cœur leur restera ouvert.

Moi : Mon cœur ? Ouvert ?

Câline : C'est une façon de parler. Cela veut dire que tu as envie de les connaître. De les comprendre.

Moi : Et comment que j'ai envie de les connaître !

Câlin : Vouloir connaître les gens, c'est les aimer. Quand tu les aimes, tu les entends. Même quand ils ne disent rien.

Moi : Je les aime alors, et toi aussi je t'aime !

Câline : Oui, c'est cela. Et tu l'as découvert hier, parce que pour la première fois hier, tu as pensé à eux, à moi avec ton cœur. Tu as voulu nous connaître, et ce « don » t'est apparu !

Moi : Ha ? Je sens ce que tu veux me faire comprendre. On peut changer, vieillir en une seule journée ?

Câline : D'une certaine façon on peut dire oui. En une journée tu peux comprendre des choses qui vont te faire évoluer une partie de ta vie ou toute ta vie. Il faut du temps pour tout, tu sais ?

Moi : Je sais qu'il faut du temps, des jours et des lunes. Pour que Léa devienne grande.

Câline : Ne penses plus à cela. Tu ne seras pas le mari de Léa. Elle épousera un homme, pas un cheval !

Moi : C'est méchant ce que tu dis là. Léa et moi on va se marier. C'est déjà tout organisé.

Câline : Tu l'amèneras à l'église en voiture ? C'est comme cela que ça se fait.

Moi : Tu sais très bien que je ne peux pas conduire de voiture ! Je l'emmènerai sur mon dos, à l'endroit que tu as dit.

Câline : Bon, garde ton rêve si cela te chante. Je ne peux pas vivre ta vie. Tu dois aussi faire tes expériences personnelles.

Moi : « Oui, exactement ! Mes expériences personnelles ! Et tac ! »

LE PASSÉ DE MES AMIS

Me voilà bien malin, je ne sais même pas ce que c'est « expérience personnelle ». La vie devient compliquée. Hier, j'étais encore un poulain insouciant. Aujourd'hui j'ai tout un tas de questions, de sensations qui arrivent. Je me demande si Léa vit le même genre de choses ? Je vais voir si Oléon, veut bien parler avec moi, et répondre à l'une ou l'autre des questions que je me pose. Si j'ai de la chance il me dira tout !

Moi : « Bonjour Oléon. Tu vas bien ? »

Oléon : Bonjour jeune homme. J'ai trouvé votre démonstration de « passage » fort agréable toute à l'heure !

Moi : Heu ! Merci, mais tu sais c'est facile. Ce qui n'est pas facile pour moi, c'est que depuis hier, j'ai tout un tas de questions... Je n'ai pas de réponse. Je n'ai aucune réponse. Voudrais-tu bien m'éclairer ?

Oléon : Oui, je crois que tu es un bon petit. Je t'ai entendu penser hier soir. Tu es quelqu'un de généreux. Pose-moi tes questions et si je connais les réponses je t'aiderai.

Moi : C'est quoi une poule ?

Oléon Vraiment l'air surpris : C'est ça tes questions ?

Moi : C'en est une. Tu ne connais pas la réponse ?

Oléon : Si, mais je pensais que tu avais plus urgent.

Moi : Comment pourrais-je savoir ce qui est important ou urgent puisque je ne connais pas les choses pour lesquelles je te questionne ?

Oléon : Tu me plais bien petit.

Moi : « C'est curieux, hier je ne te comprenais pas et aujourd'hui il n'y a aucun problème. »

Il me raconte sa vie de cheval de concours. Les écuries où il a logé… l'ambiance, les aliments qui le nourrissaient… C'est des petits bouchons verts. Ils appellent cela des granulés. Ça coince dans la gorge… Et ce n'est pas facile à digérer. Berk ! Je n'en voudrai pas moi de ça !

Oléon : « Je m'étais perdu toutes ces années. Je ne parlais plus ni ma langue de cheval, ni leur langage d'humain. Tout était confus, mélangé dans ma tête. J'ai tellement voulu le comprendre. J'ai tellement voulu lui faire plaisir, pensant que lui aussi voulait me faire plaisir. Je me disais qu'il n'était pas confortable. Mais qu'il allait apprendre. Il n'a jamais eu le désir d'apprendre. Tout ce temps je le lui ai offert… Et j'en ai oublié qui j'étais. Si j'avais écouté mon corps, mon cœur cela fait longtemps que je lui aurais dit "zut" à mon maître. Peut-être aurait-il cherché autrement ? Peut-être parlerait-il un peu cheval aujourd'hui ? Quoi qu'il en soit je m'étais négligé, et perdu. C'est grâce à Câline et toi que je me suis retrouvé. Vous n'avez cessé de penser à moi. J'entendais vos pensées et je comprenais de nouveau les miens, ceci grâce à votre amitié ! »

Moi : Ha bon ? Je suis heureux que tu te sentes mieux, vraiment ! Donc la poule ce n'est pas le plus important. C'est quoi un maître alors ?

Oléon : Un maître c'est un humain, celui qui te soigne. Te nourris. Te montes. Te corriges.

Moi : Je ne comprends pas. Nous n'avons pas de maître. Nous avons le patron, la patronne, Léa, le chien, des chats, Câline et moi. Je n'ai jamais entendu parler de maître.

Oléon : Celui que tu nommes ton patron, c'est ton maître !

Moi : Non, non ! C'est Rémi le patron. Toi tu as un maître. Il n'a pas l'air d'être gentil. Il te fait peur. Je le sens quand tu en parles. Moi je n'ai pas peur du patron. Je le respecte. Lui nous respecte, c'est pareil avec Corinne et avec Léa...

Oléon : Vous avez bien de la chance. Tu as raison. J'ai peur de mon maître. Il ne me comprend pas. Il dit pourtant qu'il m'aime... Nous, quand on aime on ne fait pas de mal à nos aimés ? Nous les protégeons, les rassurons. Nous essayons de les comprendre, de les connaître. Lui, il ne pense qu'à lui. Il pense qu'il connaît tout sur les chevaux. Il n'a toujours pas compris, après toutes ces années que sans les coups qu'il me donne, sans toutes les ficelles dans lesquelles il me coince. Sans toutes ces armes qui me fouettent les flancs, qui me percent les côtes. Je ferais tout ce qu'il veut sans problème si j'en suis capable, parce que sans douleur.

La douleur petit, les douleurs... Il y a celles du corps... qui malgré tout tes efforts deviennent insupportables. Et il y a les douleurs du cœur...

Moi : Tu veux dire, que c'est autre chose que ton corps qui souffre ? Je connais cette sensation je crois. Je l'ai découverte ce matin. Câline était triste. La porte était fermée. Je ne pouvais la rejoindre pour la rassurer. J'ai eu comme le corps trop petit, une brûlure, un nœud, dans le ventre. J'étais comme fou, malheureux. J'avais mal, pas comme quand j'étais plus petit et que je m'étais un peu tordu le pied ! Je n'avais pas d'atteinte et pourtant j'avais mal !

Oléon : C'est ça, tu as eu mal au cœur.

J'ai voulu croire toutes ces années que mon maître allait comprendre... au moins chercher à comprendre. J'ai quinze ans... voilà dix ans que je vis avec lui. Il ne comprend toujours rien. J'ai surtout compris qu'il ne voulait pas chercher. Toute ma générosité n'a servi à rien. Il m'a utilisé toute ma vie... il va me jeter comme un vieux papier. Il n'arrête pas de me menacer. Je ne le supporte plus. Je lui ai tout donné, et même plus...

Moi : Mais c'est terrible ce que tu me dis là. Notre patron n'est pas comme ça. Vous avez raison toi et Câline, je ne voudrais pas habiter dans une autre maison.

Oléon : Votre patron, c'est presque un papa !

Moi : Oui, c'est vrai. Il prend vraiment soins de nous. Jamais il ne lève la main sur nous. Jamais il ne crie, sur personne d'ailleurs. En plus il aime bien mes blagues.

Oléon : Je fais le vœu que vous restiez toujours réunit sous ce toit tous les deux. Tu as une autre question ?

Moi : Oui ; mais plus tard, merci, je vais parler à Câline. Je crois que je sais pourquoi elle est triste.

Oléon : « Tu es vraiment un bon petit. À plus tard alors. »

Je suis déjà arrivé à l'autre bout du parc. J'ai rejoint ma copine, au grand galop. J'adore sentir le vent soulever ma crinière.

Câline : « Oui jeune homme, puis-je vous être utile ? »

Tu as remarqué ? Tout le monde m'appelle « jeune homme » de plus en plus souvent. Bientôt je ne serai plus pataud et Léa sera grande et on se mariera !

Moi : « Câline, je viens de parler avec Oléon. »

Câline : Oui, et c'était intéressant ?

Moi : Oui, il m'a parlé de son maître. Tu as raison nous avons de la chance d'avoir un patron et pas un maître. Oléon dit que Rémi est un peu comme un papa pour nous. Je suis d'accord, je crois, et toi ?

Câline : Je suis tout à fait d'accord avec cette façon de concevoir notre patron. Il est vraiment bon !

Moi : Quand il m'a raconté son histoire, j'ai pensé à ce que tu m'avais dit hier soir. Tu sais ? Ton passé, tes larmes, tes sabots qui sonnent faux. Tu as connu un endroit tel que celui qu'il m'a décrit, n'est-ce pas ? Tu as été battue ? Enfermée de longues journées dans un box trop petit ? Jamais un cheval à qui parler. Ils vous donnaient des bouchons verts à manger... Vous étiez tellement triste. Plus jamais de liberté. Comment peut-on imaginer nous faire vivre sans liberté ? Nous sommes La LIBERTÉ ! Vous essayiez tellement de les comprendre que vous ne vous compreniez plus vous-même. Oléon m'a raconté les bruits étranges qu'il entendait à son arrivée dans une « de ces écuries ». Les hommes criaient, les enfants aussi, les femmes également, les chiens n'y coupaient pas ; Un tel bruit, il n'y avait plus de pensées de chevaux que l'on aurait pu identifier. De vagues plaintes silencieuses, flottaient au-dessus de chaque box... Comme un murmure, comme un cri étouffé... C'est cela ton passé, n'est ce pas ?

Je parlais, je parlais, je n'avais pas vu que Câline pleurait.

Moi : « Oh ma douceur pardonne-moi ! Je ne voulais pas te faire pleurer ».

Je me rapproche d'elle, son parfum m'envahit. Je frotte ma joue contre la sienne. Je lui mordille l'encolure. Je lui souffle mon affection à travers mes naseaux dilatés, sur tout son dos. Les « bisous soufflent ». Ça c'est quelque chose ! Elle a l'air d'aimer cela. Je lui mordille le menton... Elle va parler !

Câline : « Tu es vraiment un cheval exceptionnel, tu sais ! Mon passé est le même que celui d'Oléon, la différence c'est que Rémi m'a acheté lorsque j'avais cinq ans. Mais tous les autres sont restés là-bas. Quand je pense à eux j'ai le cœur en miette. J'aimerais qu'ils puissent tous rencontrer un Rémi, un Guitariste, une Léa. »

Moi : Oléon dit que nous lui avons permis de reparler cheval.

Câline : Ah, oui, et comment ?

Moi : Il dit que depuis hier nous avons beaucoup pensé a lui. Toi pis moi. Il dit que c'est de nous avoir entendus penser à lui avec notre amitié. C'est ça qui lui a permis de se retrouver. Tu vois ? Il s'était perdu !

Câline : C'est vraiment quelqu'un de bien notre voisin.

Moi : Câline, je veux que tu saches que jamais je ne laisserai quelqu'un te faire de mal. Je ne le supporterai pas !

Câline : Tu es mon ange gardien !

Moi : Je suis inquiet pour Oléon. Il dit qu'il va être jeté comme un vieux déchet.

Câline : « Tu devrais aller le voir. Il pense à toi aussi. Fais quelques exercices en le rejoignant. Il faut aussi faire fonctionner son corps, joli garçon ! »

Joli garçon ? Elle m'a dit joli garçon !!! FZZZZZZZZ, doing, pop, tralala, bing bang doing doing doing doing, c'est vraiment bon de faire des exercices en toute liberté...

Moi : Oléon je m'inquiète pour toi. Qu'est ce que tu entends par « il va me jeter comme un vieux papier ? »

Oléon : Ha, fils si tu savais !

Moi : Ben, non je ne sais pas… Je voudrai bien savoir.

Oléon : Je te dis cela, mais je te souhaite que ton patron soit vraiment différent de mon maître. Et de tous les autres qui ressemblent au mien. Cette explication ne va pas être très agréable. Même difficile. C'est quelque chose qui existe en vrai dans la vie. Alors je vais t'en parler… Les humains quand ils ne veulent plus leurs voitures par exemple, ils la revendent à un autre humain ou ils la mettent à la casse. C'est un genre de tas de fumier où ce sont des voitures qui s'empilent… Ou ils les abandonnent dans la nature. Pour les chevaux, ils les vendent également à quelqu'un d'autre. Si personne ne les rachète, ils les mettent à la boucherie. Pour les voitures à la casse, des messieurs les démontent et récupèrent les pièces qui peuvent encore servir… détruisent le reste. Pour les chevaux, certains nous tuent, d'autres nous achètent et nous mangent.

Moi : Mais pourquoi ils abandonnent les voitures dans la nature et pas les chevaux ? C'est ridicule. Nous sommes faits pour vivre dans la nature !

Oléon : Nous le savons. Beaucoup d'humains l'ont oublié. Tu sais il y a des chevaux qui ne vont plus jamais au parc passé l'âge de deux ans ?

Moi : Non ? Mais qu'est ce qu'ils font alors ? Où s'entraînent-ils à faire des cabrioles pour faire rire leur Léa ? Où font-ils leurs exercices ? Comment font-ils pour se rouler dans l'herbe, dans la boue ? Cela fait tellement de bien au dos !

Oléon : Ils font ce que leur maître leur autorise de faire. En général, cela ne représente pas grand-chose. Et surtout pas de cabriole !

Moi : Mais, comment font-ils pour sortir toute cette énergie qui est en nous parfois ?

Oléon : Du jour ou ils sont achetés par un maître comme le mien, ils peuvent oublier toutes leurs envies, leurs besoins. Ils ne seront plus que l'objet de leur maître. Et quand le temps aura passé, que leurs muscles et leur courage ne pourront plus assouvir les désirs de leur propriétaire. Ils mourront, certainement.

BEAUCOUP DE QUESTIONS

Moi : Un objet c'est quoi ?

Oléon : C'est quelque chose. Comment expliquer cela ?

Tu vois toi et moi, nous ressentons des choses, nous pouvons être heureux, triste, nous sentir bien, mal, avoir des envies. Un objet ne sent rien. Il n'entend rien. Il ne voit rien.

Moi : La balle du grand chien, c'est vivant ? Ou c'est un objet ?

Oléon : Une balle est un objet, très bien !

Moi : Donc, la balle n'est pas très heureuse quand elle rebondit ? Dommage pour elle.

Oléon : « Tu es vraiment surprenant ! »

Moi : Donc la boucherie, c'est l'endroit où l'on vend les chevaux pour être mangés.

Comment faire pour que ton maître ne te vende pas à la boucherie ?

Oléon : Il faudrait que j'arrive à sauter ces barres si hautes... Je ne peux plus. Je ne le veux plus. Mon corps souffre. Ces nuits passées à l'extérieur n'ont rien arrangé à mon dos ! Tu sais normalement je dors dans une écurie, avec une couverture... Là, il ne m'a mis ni couverture, ni abris. Et il a tondu mes poils. Je grelotte toute la nuit ! Pour regagner son amour il faudrait que je gagne les coupes en concours. Cela n'est plus possible. Je ne le veux plus ! Plus sans respect !

Moi : Mais, Oléon...

Oléon : Une autre question ?

Moi : Pour le cheval d'obstacle, j'ai cru comprendre qu'il s'agissait de sauter par-dessus tout un tas de trucs de n'importe quelles formes et couleurs, avec un maître sur le dos. Mais qui sont ces chevaux d'obstacles ? Faut-il des origines particulières, une conformation particulière ? Moi par exemple je ne pourrai pas être choisi pour être cheval d'obstacle ?

Oléon : Tu as, je crois toutes les capacités pour devenir un très bon cheval d'obstacle !

Ils ne cherchent pas forcément les origines tu sais. Si tu as « un bon coup de saut » comme ils disent. Ils arrivent même à t'inventer une nouvelle identité, à te faire des papiers qui vont correspondre à ce qu'ils veulent. Des faux quoi.

Heureusement ils ne sont pas tous comme le mien. Mais beaucoup quand même ! Ne leur montre jamais que tu sais sauter !

Moi : De toute façon je ne sais pas !

Oléon : Je peux t'apprendre si tu veux. Cela demande un peu d'expérience... Avec le temps on peut devenir expert !

Moi : C'est quoi une « expérience personnelle » Oléon ?

Oléon : T'en as de ces questions mon pote !

Une expérience personnelle, c'est par exemple si tu veux que je t'apprenne comment bien franchir un obstacle. Eh bien... Ce n'est pas facile à expliquer ça. Tu feras des essais. À chaque tentative tu vivras une expérience. L'ensemble de ces tentatives seront aussi une expérience ! Ce sont des essais. Tu essayes quelques choses. Tu en retireras des impressions, des sensations. Il te viendra des mots, des envies, des désirs. Tu seras peut-être déçu. Mais tout cela sera ta première expérience de sauts d'obstacles. Tu comprends ? Et « personnelle » cela dit que c'est toi qui le vie. Pas quelqu'un d'autre.

Moi : Je crois que je sens le mot. Une expérience c'est quand j'essaye de faire quelque chose de neuf.

Oléon : Oui, tu peux garder cela comme explication pour l'instant. Si tu rencontres quelqu'un de plus renseigné n'hésites pas à lui demander confirmation !

Moi : Ce matin, Câline m'a dit que je ne pourrais pas me marier avec Léa. Je n'ai pas voulu la croire. Elle m'a dit qu'il fallait que je fasse mon expérience personnelle !

Oléon : Elle a raison sur tout. Tu ne pourras pas te marier avec Léa. Mais il faut que tu vives ta vie. Que tu fasses tes expériences, pour en tirer, tes conclusions.

Moi : « Merci Oléon, je reviendrai plus tard. Je vais me dégourdir les pattes ! »

Pourquoi, ils disent que je ne pourrai pas épouser Léa ? Je ne vois rien qui puisse nous en empêcher...

Chcrunch, crunch, miam, cette herbe, est bonne comme une mousse au chocolat pour Léa. C'est, chrunch, bon la, chrunch, chrunch, miam, vie. C'est chouette, c'est chouette, c'est trop bon, c'est trop bon, et hooooo, doing doing. C'est plus difficile de faire « galop, passage », que « trot, passage ». Cela doit être une « expérience personnelle ». Ma belle câline a l'air pensive.

LE PRÉ EST NOTRE ÉCOLE

Moi : « Câline ? Tu viens marcher avec moi jusqu'à la colline ? »

Il y a deux collines sur notre terrain, un abri, une source, de l'herbe comme de la mousse au chocolat. C'est un très joli terrain. Je peux y galoper comme un fou. Jamais personne ne me freine. Les chats viennent nous rendre visite parfois la journée, surtout la minette grise tigrée. C'est une redoutable chasseuse. Dans ces moments c'est un cours d'observations, d'agilité, de contrôle... Elle voit les petites souries à des kilomètres. Pourtant l'herbe est épaisse, verte foncée, odorante. Mais les souris ne peuvent rien contre cette « chasseuse hors paire ». Je la suis discrètement quelques fois. Je reste à distance. Lorsque je suis trop près, elle dit que je fais peur aux souris, et qu'elles se cachent. Moi je crois que c'est des blagues. Les souris elles doivent bien savoir que ce n'est pas moi qui les chasse. En plus j'ai même une copine sourie, alors. Pour que cela n'arrive pas je me tiens à distance... il arrive que je sois trop curieux. Je suis alors entraîné par le bout de mon nez... et je me retrouve dans la zone de chasse. C'est terrible. La minette elle se retourne, elle triple de volume, et elle fait Crchhhhhhhh avec toutes les dents de devants qui sortent. Je n'ai pas vraiment peur, mais cela me fait reculer d'un grand bond à chaque fois.

Câline : « Je t'accompagne volontiers mon ange gardien... »

C'est beau la vie, c'est beau la vie, ses sabots sonnent juste ! Là c'est le cours de musique. Vérifions au trot. C'est chouette, c'est chouette, c'est chouette. Elle va mieux ! Je suis heureux. Je me sens une envie de lui faire un numéro pour la faire rire. J'y vais !

C'est chouette, c'est chouette, doing, doing doing doing. C'est vraiment rigolo ce « truc ». Je vais me faire un demi-tour en « doing, doing ». Et voilà le travail ma dame.

« Ma dame » j'ai une curieuse façon de prononcer ce mot. Je pensais qu'il se disait : « madame »

Je demanderai à Oléon s'il y a une différence entre les deux. Encore une petite série de cabrioles et je crois qu'ils auront bien ri tous les deux... Je le vois bien Oléon qui rigole, même s'il fait semblant de brouter...

Moi : « Pfrrrrr. Avec mes naseaux. Ouf, ouf, quelle course ! Là je viens de faire un de mes cours de sport de la journée... Moi j'en fais plusieurs par jour. Mes amis n'ont plus besoin de galoper autant que moi. Adulte, nous avons besoin d'espace mais pas de faire le couillon tous les jours. »

Câline : « Tu es si beau quand tu bouges. Je me sens toute bizarre à chaque fois ».

Tu as vu ? Elle m'a fait ce battement de cils redoutable. Celui qui me retourne tout entier dedans. Qui me fait pousser des ailes. Je demanderai ce que cela signifie à Oléon.

Nous sommes tous les deux sous le gros arbre, le patron l'appel « le vieux chêne ». Il est géant cet arbre. Pour dire, le patron est tout petit à côté ! Parfois il emmène Corinne et Léa faire un pique-nique sous le « gros chêne ». Léa adore venir ici. Elle a sa place au creux des racines du centenaire. Elle se blottit dans ses grandes « pattes » d'arbre et fini par s'endormir paisiblement à rêver de je ne sais quoi ! Je me souviens que l'on devait rêver l'un de l'autre pour nous retrouver en rêve. On n'a pas dû rêver l'un de l'autre.

Câline : « Si jeune homme, vous avez rêvé l'un de l'autre, cela fait plusieurs nuits en réalité. Mais il faut apprendre à vous connaître. À vous aimez, pour vous rejoindre en rêve. Les Indiens disent qu'avant de t'endormir tu comptes. Un, deux, trois... Jusqu'à dix. Et tu dis : "Je me rappelle de mes rêves". »

Moi : Ha ?

Mais comment tu le sais toi que nous avons rêvé l'un de l'autre ?

Câline : Je vous connais et je vous aime tous les deux, donc je vois vos rêves, si j'en fais partie.

Moi : Et tu en fais partie ?

Câline : Pour l'instant, oui. Vous passez tous les deux par une pensée tournée vers moi, pour vous rejoindre.

Moi : Pourquoi dis-tu « pour l'instant » ?

Câline : Rien ne t'échappe à toi sacré, garnement !

Moi : Je ne suis pas un garnement !

Câline : Oui, tu as raison, tu deviens un adulte, un beau et bon adulte !

Elle m'a encore fait ce truc avec l'œil.

Câline : Je te dis « pour l'instant » parce que dans quelques lunes vous vous connaîtrez suffisamment. Vous vous apprécierez tellement que vous n'aurez plus besoin de moi. À ce moment il vous arrivera de vous souvenir de votre rêve commun.

Moi : Pas à chaque fois ? Et pourquoi on ne rêverait plus de toi ?

Câline : Non, pas à chaque fois, la vie garde certains de ses rêves, en mystère. Et vous ne rêvez pas de moi ces derniers temps. Je vous serre de relais. Peut-être rêverez-vous de moi. Ce sera de moi, pas de moi pour vous emmener l'un à l'autre.

Moi : Oui, je vois. Je crois. Mais c'est triste pour toi. Tu dois croire que l'on ne t'aime pas !

Câline : C'est un peu difficile, parce que j'aimerai bien que quelqu'un m'aime comme vous vous aimez. Je crois qu'il me faudra encore patienter... Espérer.

Moi : Je t'aime Câline ! Je suis sûr que Léa t'aime tout autant que moi !

Câline : « Tu as raison, vous m'aimez tout les deux de la même façon. J'en suis très heureuse. J'aimerai quelqu'un qui m'attende... Comme vous vous attendez ».

Elle descend vers la petite rivière. Elle a l'air songeuse. Je voudrais la consoler. Hier quand Oléon nous a quitté sans rien dire elle m'a dit de le laisser, qu'il avait besoin d'être seul. Je crois que ma copine a besoin d'être seule.

Je prends la piste de luge que Léa et Rémi ont inaugurés à la saison ou les étoiles tombent du ciel, pour venir recouvrir l'herbe verte, d'un doux manteau blanc. J'aime voir les étoiles blanches qui tombent devant mes naseaux. Parfois j'arrive à souffler juste au bon moment, et l'étoile vole un peu plus loin. C'est très léger une étoile ! C'est un peu bête ce que je dis, évidemment que c'est très léger, sinon elles ne pourraient pas tenir dans le ciel, elles tomberaient ! D'ailleurs celles qui tombent, sont peut-être les étoiles qui ont fini leur travail d'étoile... Elles finissent en par terre blanc. Je ne sais pas pourquoi je pense à cela, les étoiles ne vont pas tomber avant quelques lunes encore ! Je pensais à

Léa, dès que je pense à elle il me vient de belles images en tête. Bientôt on se mariera Léa !

L'herbe m'appelle, je me roule un peu dedans ; C'est un vrai bonheur toute cette herbe si moelleuse, si douce, je préfère ce genre de massage, moi !

Hop. Hop. Debout ! Je me secoue du bout des naseaux jusqu'au bout de la queue. Ha, ça fait du bien. Je vais voir Oléon.

Il a envie de me voir. Il me parle. Je suis encore loin pourtant !

Je ne comprends pas ce qu'il dit. Pourvu qu'il ne se soit pas reperdu... c'est trop bon, c'est trop bon, c'est trop bon. Le galop c'est quand même ce que l'on fait de plus rapide ! Ouf.

LA RÉPONSE EST EN TOI

Moi : « Qu'est ce que tu me disais ? »

Oléon : Rien d'important je te demandais si tu voulais savoir ce que c'était qu'une poule ?

Moi : Qu'elle question, évidemment. Enfin, en réalité comme cette question n'avait pas l'air urgente ce matin. Elle va attendre encore un peu. Si tu le veux bien j'en ai d'autres à te poser.

Oléon : Vas-y « fils ».

J'aime bien quand il m'appelle ainsi.

Moi : J'ai un problème.

Oléon (un peu inquiet) : Un problème fils parle vite, que je vois si je peux t'aider !

Moi : Ne t'inquiète pas, ce n'est pas grave... Je crois. Voilà, Câline parfois me fait des trucs avec ses yeux.

Oléon : Des trucs avec ses yeux ? Tien, tien.

Moi : C'est étrange, hein, tu es d'accord ? C'est grave ?

Oléon : Ce n'est pas grave, c'est important.

Moi (un peu énervé) : Qu'est ce que c'est encore que ces différences ? Grave, important, important, grave. Qu'importe ! Qu'est ce que cela signifie quand elle ferme son œil comme ça, et pourquoi ça me « tourneboule » tout dedans ?

Oléon : Ça se précise !

Moi : Si tu ne sais, pas dis le moi Oléon. Je sais que l'on ne peut pas tout savoir, Câline me le répète souvent !

Oléon : « Patience jeune homme, patience ! Quand elle ferme l'œil, comme ça ? »

Wouhaaa, il sait aussi le faire le truc de l'œil !

Oléon : « Tu peux savoir que tu lui plais beaucoup, et qu'elle t'aime beaucoup aussi. »

Moi : « Tu peux le refaire le truc, là de l'œil, s'il te plaît ? Juste pour vérifier quelque chose. »

Oléon refait ce geste… Mais comme toute à l'heure rien ne se passe en moi.

« Tu sais Oléon j'espère ne pas te fâcher, mais quand tu fais cela, rien ne "tourneboule" en moi. Quand c'est Câline qui fait ça, je t'assure c'est une tempête de joie en moi. Pourquoi ? »

Oléon : Laisse parler ton cœur librement petit, la réponse est en toi ! Et ce geste chez les humains s'appelle un clin d'œil.

Moi : Ah ?

C'est joli « clin d'œil ».

Je n'ai pas tout compris, mais je crois qu'il ne me dira plus rien à ce sujet pour l'instant.

Oléon (Il est déjà plus loin, mais il se retourne et me dit) : « Ne te perd pas fils, tu es un beau cheval, un beau et bon Cheval, ne te perd pas ! un cheval ! »

Ils savent quelque chose. Quelqu'un leur a dit que j'allais me perdre, ce n'est pas possible ? Je ne veux plus être un humain. J'ai compris. Pourquoi je me perdrais désormais ? Je ne vois pas !

Ce sera sans doute « une expérience personnelle » que de trouver la réponse à ce mystère. Se perdre et ne pas se perdre !

La réponse est en moi... Qu'est ce qu'il a bien pu vouloir dire par là ? « Laisse parler ton cœur librement »... Il parle librement mon cœur. Je veux me marier avec Léa, et Câline ? Léa et Câline ? Il n'a jamais été question de me marier avec Câline ? Et Câline ne veut pas de moi. Elle me l'a dit toute à l'heure. Elle voudrait quelqu'un comme moi ou Léa, mais pas nous. Elle nous l'aurait dit. Je trouve que la vie se complique beaucoup pour moi depuis hier... Si Léa grandit aussi vite que moi j'apprends... Nous nous marierons bientôt Je l'emmènerai à l'église. Puisqu'il faut aller là-bas pour le mariage. C'est Câline qui me l'a dit. De là nous partirons en voyage tous les trois. Quand nous en aurons assez ? Nous rentrerons à la maison retrouver le patron, la patronne, le chien, les chats, la voisine qui a épousé son chat... Elle a même déménagé chez lui. Je me réjouis de voir comme Léa a grandi aujourd'hui. Ça va être chouette. Nous irons d'abord en Arabie. C'est un des pays d'origine de Câline. Il y a du sable au sol, pas de terre, que du sable rouge, des collines de sables, les deux pattes ils disent « des dunes ». Les gens habitent dans des tentes. Ils mangent par terre. Enfin par sable. Ils jouent de la musique, la nuit sous les étoiles. Je pense que la musique donne le moral aux étoiles. La sourie. Je t'ai dit ? J'ai une copine sourie. Elle habite dans mon box. Nous discutons parfois le soir. Elle a visité tous les pays du monde. Elle se nomme souriante Expresse. Elle m'a dit qu'il ne tombe jamais d'étoiles dans ce pays. C'est bien que les étoiles qui écoutent la musique vivent plus longtemps que celles qui vivent au-dessus de nous. Les chevaux là-bas sont petits, légers et rapides comme le vent. J'ai hâte de les rencontrer nos frères et sœurs du pays du sable. Souriante Expresse a tendance à raconter des bêtises. Mais les chevaux je sais que c'est vrai. Le patron parle souvent des purs sangs Arabes. Il dit comme ma copine sourie. Donc ça, c'est vrai !

Ensuite nous irons en Espagne. C'est le deuxième pays de ses origines ! L'Espagne c'est les castagnettes, les apéros dehors, la musique aussi. Je crois que les étoiles aiment la musique. Je me réjouis, qu'elle belle vie !

Le soleil se couche déjà. Ils ne vont plus tarder tous les deux !

Chrunch, chrunch, chrunch

Le patron : « Eh ! Jeune homme tu dors ici ou tu rentres avec nous ? »

On dirait la voix du patron.

Le patron : « Tu viens ou t'es collé à ton herbe ? »

Moi : « J'arrive »

C'est chouette, c'est chouette, c'est chouette...

Câline : « Alors trésor, on se fait attendre ? »

Et toc je lui fais un clin d'œil.

C'est elle qui a l'air toute tourneboulé de l'intérieur du coup !

Moi fièrement : « Je réfléchissais ma dame ! »

Zut, j'ai oublié de demander à Oléon pour cette histoire de « ma dame, et de madame ». Je sens qu'il va me répondre un de ces trucs favoris : « La réponse est en toi fils ».

Câline : « soit ».

Et elle se met au pas en roulant du popotin, un peu plus que d'habitude non ?

Je suis un peu gêné de les avoir fait attendre. Du coup je n'ai pas fait de numéro pour Léa. Mais où est Léa ? Elle n'est pas avec lui ? Il a dû lui arriver quelque chose ! Câline a dû m'entendre. Elle me dit :

Câline : « Calme-toi gamin. Elle va bien la petite. Pendant que tu "réfléchissais"... Le patron m'a dit qu'il fallait faire vite, car Léa a dû rester à la maison. Il y a des invités. Corinne n'a pas voulu qu'elle ressorte ! Alors dépêches toi jeune homme. Il y a une demoiselle qui t'attend devant la fenêtre de la cuisine, celle juste au-dessus de ton box. »

Moi : « Allons-y ne traînons pas. »

Le patron : « Dis donc jeune homme cela ne vous dérangerait pas de ne pas me piétiner ? Nous sommes pressés mais pas à ce point quand même. Tu dois avoir faim ! »

C'est vrai ça. J'ai faim, mais j'ai surtout envie de vérifier de mes propres yeux que ma future femme va bien ! Elle a peut-être tellement grandi qu'elle ne peut plus passer par la porte ? On va se marier demain ! ! ! C'est ça ! Elle me prépare une surprise. C'est pour cela qu'elle n'est pas venue. Nous voilà à la maison. J'entends Léa dans les escaliers. Elle sort ! Toujours aussi petite... Comment cela se fait ? Moi j'ai tellement grandi aujourd'hui ?

J'entends Oléon. Il me parle du pré où il a froid. Il me dit : « Fils il faut que je te mette en garde. Les deux pattes ne grandissent pas vite... Ils n'apprennent pas vite. C'est pour cela qu'ils vivent beaucoup plus longtemps que la plupart d'entre nous. Il leur faut tellement de temps pour tout ! Nous, nous apprenons tout ce qu'il nous faut très vite ! C'est une des grandes différences entre eux et nous ! Plus ils grandissent plus ils croient savoir tout sur tout. Ils veulent tout diriger, que tout soit à leur image, à leur mesure. Le problème, c'est qu'ils ont tous une image bien à eux, des mesures bien à eux. Et tout le monde veut commander tout le monde... Personne ne veut se faire commander. Et ils finissent sur notre dos... Enfin, nous finissons sous leurs poids, serait plus juste ! Les deux pattes et les chevaux, petits, ne sont pas de la même espèce. On ne peut les mélanger ! Tu seras déçu si tu attends cela de « la petite d'homme ». Elle ne pourra pas te le donner. Aime là comme un cheval peu aimer un humain. C'est énorme tu sais. Peu d'humain aime un autre humain, comme nous savons les aimer. Avec ce dévouement, cette générosité, ce courage, ce « don » de nous, cette gentillesse, cette patience. Ils n'ont pas cela l'un envers l'autre. Parfois ils en ont une partie, mais tout ? Je n'en n'ai jamais connu, qui avait trouvé chez un humain tout ce qu'ils arrivent à trouver en nous. Nous sommes leur miroir. Ils n'ont qu'à se regarder dedans, il voit qui ils sont en réalité. Si cela ne leur convient pas, il faut qu'il travaille sur eux-mêmes. Rare sont ceux qui on se courage... Ne te perd pas fils. Tu es un beau et bon cheval. Tu es un cheval, un cheval »... Et la voix c'est tu !

Je pense à Oléon. Il doit avoir froid au pré. Il n'a ni abris, ni couverture, et son poil est si fin, si court. Si je pouvais le réchauffer. Parler au patron pour qu'il le cherche. Je lui prêterai un bout de mon box. On pourrait y dormir tous les trois avec Câline tellement, il est grand, mon « chez moi » ! Comment lui dire au patron ?

Câline : « Tu oublies cela tout de suite ! Tes pensées sont belles mais tu ne peux rien faire pour Oléon. Je pense à lui aussi, mais nous n'avons aucun moyen d'expliquer ce genre de chose à un deux pattes ! »

Moi : « Oh Câline. Comme il doit avoir froid ! »

Léa brosse les antérieurs de câline, cela doit être doux de se faire brosser par Léa. Je la regarde, ses boucles rebondissent à chacun de ses mouvements, ses joues deviennent plus roses lorsque la température descend... Ça lui va bien ce rouge aux joues. Elle caresse l'air à chacun de ses gestes, c'est une pure beauté cette enfant. Enfant ? Pourquoi suis-je surpris par ce mot ? Je le sais que c'est une enfant. Depuis que je suis arrivé ici.

« Tu es un beau et bon cheval fils, un cheval, un cheval... Elle, c'est une enfant... On n'est pas de la même espèce, on ne peut se mélanger... C'est une enfant, la petite d'homme... Tu es un beau et bon cheval fils »... Stop, ma tête va exploser avec toutes ces pensées !

Tien ! Il a déjà fini mes soins ? Je n'ai rien senti aujourd'hui, il ne doit pas avoir le temps à cause des invités. C'est samedi, Rémi ne part pas travailler le samedi soir, c'est la fête à la maison. Parfois un invité titubant nous apporte un sucre au milieu de la nuit. Ils sont rigolos les deux pattes de la nuit, souvent ils trébuchent, se cognent contre les murs, ils discutent beaucoup avec nous. Certains nous parlent de leurs problèmes, comme si nous étions des amis depuis de longues saisons... Jamais je n'ai vu le patron se comporter ainsi. Ils doivent être encore d'une autre espèce les deux pattes de la nuit... Je trouve qu'ils ont l'air un peu bête, mais ils ont tous un air si triste quand ils parlent, qu'ils sont attendrissants au bout du compte ! Ce qui est étrange, c'est que quand ils ont fini de parler, souvent ils s'en vont en disant : « Tu t'en fous toi. Tu ne comprends rien ». Pourquoi ils nous parlent si on ne comprend rien ? Parlent-ils aux portes si il n'y a pas de chevaux pour les écouter ?

Me voilà dans mon box. J'ai échappé aux soins et j'ai chrunch, chrunch, déjà mon grain, et des carottes. miam, bon appétit Câline.

Câline : « Je croyais que tu ne voulais plus me parler. Tu n'as pas bougé pendant tous les soins. Tu vas bien ? »

Moi : Chrunch ; miam, ch'était fachile, il chrunch croc, croc, ne m'a pas chrunch, soigné. Chrunch ; miam chrunch... Pas le temps... Chrunch, miam... Les J'invités... Chrunche, chrunch...

Câline : Comment ça, il ne t'a pas soigné ? Qu'est ce que tu me racontes ? Tu te sens bien ?

Déjà aux prés tu ne l'as pas entendu t'appeler. Là tu me dis que tu ne t'es pas fait brosser ? Il t'a même égalisé la crinière !

Moi : Quoi ? Mes cheveux ? Beaucoup ?

Câline : « Ne t'inquiète pas. Tu es beau comme un prince des sables ! »

Wouhaaaa. Là, je me sens pousser des ailes. Elle a accompagné ses mots d'un double clin d'œil. Je voudrais m'endormir contre elle... Chrunch, miam chrunch croc, chcrounch croc, croc.

J'entends Léa rire à l'intérieur... en général le fou rire des autres ne tarde pas à suivre.

Par la fenêtre : « Ha, ha, ha, ha ha, hou, hou, hou cri, cri cri, pouf, pouf pouf, ha, ha, ha, hi, hi ! »

Je m'en doutais. Il n'y a que Léa pour créer de tels éclats de rires. C'est une enfant extraordinaire !

« Enfant ». C'est curieux depuis tout à l'heure ce mot me dérange. « Un enfant, la réponse est en toi »...

Moi : « Câline, tu ne voudrais pas me chanter la chanson que tu me chantes aux prés la nuit quand j'ai peur ? Tu me trouves vraiment beau ? »

Câline chante. Sa voix est si douce. C'est un chant silencieux. Il se passe de l'intérieur de son corps à l'intérieur de mon corps. Aucun son n'est perceptible :

« N'aie pas peur petit
tous ces petits bruits
c'est la vie de la nuit.
ta peur les amplifie

il n'y a que toi et moi
Pas de fantôme, de dracula
Juste des chouettes, des lièvres et leurs enfants
il n'y a ni monstre, ni méchant.

Rapproche-toi de moi
Lève les yeux au ciel
Regarde les étoiles
vois comme elles sont belles

petit n'ais plus peur
confie-toi à la nuit
reçois sa douceur
aime la nuit, c'est ton amie...

je te propose ma chaleur pour te réchauffer
je t'offre mon expérience pour te rassurer
je te donne mon amour, tout mon amour
pour t'accompagner, jusqu'au petit jour »...

Elle chante bien. Tu trouves aussi ? C'est une chanson que les grands chevaux chantent aux bébés chevaux. Je ne suis plus un bébé. Je trouve que Câline chante si bien... Sa voix de chant est encore plus douce que sa voix de « tous les jours ». Tu as entendu ?

Câline : « Maintenant pour répondre à ta question Je te trouve très beau, gentil, intelligent »...

Je crois que ma température augmente. J'ai chaud tout à coup.

« Écoute ton cœur, laisse le parler librement. Tu es un cheval fils, un bon et beau cheval. Ne te perds pas ». Pourquoi toutes ces phrases me reviennent sans cesse ?

Moi : « Il m'a vraiment soigné câline ? Je n'ai rien senti ! »

Câline : Oui il en a profité. Il t'a même mis du « vernis sur les sabots » !

Je regarde mes pieds, elle dit vrai. J'ai les pieds qui brillent. Ça sent drôle !

Moi : « Tu as raison. Ils sont beaux mes pieds. Et ça sent rudement bon ! »

Câline : Tu vois ? Tu n'auras qu'a te laisser faire et tu trouveras que ce n'est pas si désagréable que ça !

Moi : Hein, hein...

Je n'en reviens pas. Il m'a fait tout cela... je ne me suis rendu compte de rien. Câline a raison, ça ne doit pas être si désagréable que cela... J'ai dû penser à toutes ces nouvelles « données » tout le long des soins. Très bien, demain pour les soins je n'ai plus aucuns soucis à me faire. Je penserais à toutes ces nouvelles choses et ce sera déjà terminé. Crounch, chcrouch, miam... C'est bon !

« Tu es un cheval, fils, un bon et beau cheval »... Miam, miam, chrounc... « La petite d'homme »...

Et mes cheveux ?

Je secoue la tête... Il a l'air d'y en avoir plus épais que toute à l'heure. Pourtant Câline m'a dit qu'il m'en avait coupé...

Moi : « Câline ? »

Tu es certaine qu'il a coupé mes cheveux ? J'ai l'impression d'en avoir...Plus lourd...

Câline : C'est agréable, non !

Tu verras, à chaque fois qu'il les coupe, tu auras cette impression.

Moi : J'aime bien. J'ai l'impression d'en avoir plus. Ils rebondissent comme les boucles de Léa...

Câline : Tu te souviens que pour nous, chevaux, on ne dit pas cheveux, mais crinière ?

Moi : « Oui, oui ».

Il faut que je demande à Oléon, si il y a une différence entre « ma dame et madame » la poule « aussi » achetée « il a parlé d'acheter. Câline aussi, elle a été achetée ». Je ne sais pas, si j'ai été acheté. Est-ce que Léa a été achetée ?

Je vais bien dormir. Toutes ces questions me fatiguent, plus que mes cabrioles ! Tu crois que ça ressemble à quoi une poule ? Et ça sert à quelque chose ? À moins que ce ne soit... Je ne sais pas...

...

Les voilà !

Patron : « Bonne nuit jeune homme. Tu m'épates de jour en jour. Tu sais ? Je ne regrette vraiment pas de t'avoir acheté »... Ce soir il y aura un peu de bruit. Nous dormirons tous demain matin ? OK ?

Moi : « OK, patron. Amuse-toi bien avec tes amis. Et dors bien » !

« Bonne nuit "ma Léa", peut-être cette nuit nous retrouverons nous en rêve... »

Léa : Sa voix intérieure est encore plus douce que sa voix de « dehors ». Chacune de ses pensées, chacun de ses mots, sont des chants, des hymnes à l'amour, à la paix, des invitations au bien-être... Bonne nuit « mon Guitariste » fait de beaux rêves. J'espère comme toi que cette nuit nous pourrons partager le même... « À tout de suite alors » !

Elle a dit « mon Guitariste »... La dame de l'autre jour a dit « mon mari »... Je l'ai appelé « ma Léa »... Cela doit être un signe avant mariage.

« Tu es un cheval mon fils, un bon et beau cheval... Si tu attends cela de "la petite d'homme" tu seras malheureux »... Pourquoi toujours ces phrases me reviennent en pensées ?

Zut, ils sont rentrés. J'étais à nouveau perdu dans mes pensées ! Comme toute à l'heure au pré, comme aux soins... Que m'arrive-t-il ?

L'AMOUR, L'AMITIÉ, LE RESPECT

Câline : Oui, mon loulou.

Moi : Je crois que je suis entrain de me perdre !

Câline : Je ne le crois plus.

Moi : Ah bon ?

Pourtant, depuis cet après midi, il m'arrive des choses étranges : Je n'ai pas vu le patron arrivé. Je n'ai pas vu que Léa n'était pas là. Je n'ai pas entendu le patron quand il m'a appelé. Je n'ai pas senti les soins. Là, je ne les ai pas vus rentrer tous les deux... Tu es sûr que je ne suis pas entrain de me perdre ?

Câline : Il faut que tu me fasses confiance entièrement cette fois. Je ne saurais t'expliquer... Tu n'es pas entrain de te perdre... Tu commences à te trouver... Si tu devais te perdre, fais-moi confiance. Je te le dirais...

Moi : Je te fais confiance, bien sûr, mais je suis inquiet... Tous ces changements...Tu me diras si je me perds, n'est-ce pas ?

Câline : Oui, mon prince...

Moi : Alors, je suis ton ange gardien... Et tu es mon ange gardien ?

Câline : Oui, tout à fait. Nous veillons l'un sur l'autre... Et c'est bon de ne pas se savoir seuls.

Moi : Oui. Bonne nuit ma douce, fais de beaux rêves... Si Léa et moi nous servons encore de toi, pour nous rejoindre. Ne sois pas triste. Je t'aime, tu sais !

Câline : « Merci, tu es vraiment un prince ! »

Cette litière est vraiment confortable... Pauvre Oléon, il doit avoir froid... Oléon, mon ami, je voudrais pour toi, le box le plus confortable du monde. Que la paille te fasse la couche la plus moelleuse qu'il nous soit permis d'avoir. Que ton eau soit claire et douce. Que ton grain soit bon « comme une mousse au chocolat pour Léa ». Que ton maître se transforme en « Rémi ». Que ta vie à partir de maintenant ne soit plus faite que de bien-être, de Léa, de Rémi, de pré, de compagnons qui parlent ta langue. Je voudrai que tu ais chaud, au cœur et au corps. Oléon mon ami, comme je voudrai que ton existence devienne agréable...

Bonne nuit mon ami...

Oléon de son pré : Merci, fils tu es un bon cheval. Un très bon ami. Tu feras un « mari » formidable. Bonne nuit et fais de beaux rêves. Demain si tu le veux, je te dirais ce qu'est une poule.

Moi : « Merci, j'ai hâte de connaître le mystère de la poule, à demain. »

Je ferme les yeux... Une poule ça doit être... Une chose ? Peut-être cette chose qui roule à deux roues ? Corinne part faire des promenades avec cette chose à la belle saison. Léa en a reçu un plus petit pour Noël. Sa « poule » à elle, a deux petites roues en plus que celles de sa maman... Je suis fatigué... Je connaîtrai peut-être la réponse demain... Je m'endors.

...

Je n'ai pas entendu « d'humain de nuit »... Il fait jour depuis longtemps, mais aujourd'hui le patron dort... C'est sa seule nuit de sommeil par semaine... Je ne sais pas comment il fait. J'aime tellement dormir... J'ai faim, mais aujourd'hui je vais attendre. Comme il me l'a si gentiment proposé hier soir en me disant : « Demain on va dormir tous plus longtemps »... Pour la première fois, je ne vais pas faire tout un tas de petits bruits... Qui finissent toujours par le sortir du lit. Plus tôt qu'à son goût !

Moi : « Câline, ma douce tu dors encore ? »

Câline : Non, mon lou, je pensais...

Moi : Rien de triste, j'espère ?

Câline : Tout va bien. Je savourais le bonheur d'être ici.

Moi : « J'espère qu'Oléon n'aura pas eu trop froid, et que son avenir sera heureux ! »

J'entends les escaliers sous la course de Léa. Ils sont là, tous les deux. Comme d'habitude, c'est une joie à chaque fois. Léa, me sourit, me caresse la « patte sacrée » Rémi n'a plus peur, juste une petite surveillance du coin de l'œil. Léa ne grandit vraiment pas vite, cela m'inquiète.

Chrunch, miam, chrunch, grain, chrunch, chrunch, pommes, caro... Miam, chrun... ttes, mélasse... J'adore ce petit-déjeuner.

Câline et moi : « Bon appétit à vous aussi ! »

Je sais que je peux prendre mon temps pour manger. Le dimanche nous n'allons aux prés que quand le soleil est déjà beaucoup plus haut dans le ciel.

Câline : « C'est bien mon beau, tu deviens grand ! »

Ses compliments provoquent chez moi beaucoup de remue-ménage interne.

Nous sommes en route pour le pré.

Je vois Oléon. Il a l'air de nous attendre aujourd'hui. Léa tient le bout de la longe qui est attachée à mon licol. J'ai bien compris que c'était quand même le patron qui me tenait. Il lui laisse croire que c'est elle. Je vais faire attention de ne pas faire de grands mouvements afin qu'elle puisse continuer à penser que c'est elle qui me tient. Ce n'est pas si facile de ne pas faire un seul geste plus « haut » que l'autre, cela demande de l'énergie, de la concentration... Je sens qu'il faudra que le patron me lâche vite. Je sens les croupades et autres me chatouiller fortement les sabots ! Il faut que je me contrôle... J'inspire, j'expire. Mon ventre sort quand l'air rentre. Mon ventre rentre, quand l'air sort. C'est un entraîneur sur le terrain en herbe qui disait cela aux petits d'hommes. Ceux qui courent tous après le même ballon. Il disait : « Respirez comme il faut, cela vous aidera pour tous les moments difficiles de votre existence. Bien respirer, c'est bien vivre les enfants ! Dès que ça ne va pas... Première chose ? »

Tous les petits ensemble : « RESPIRER AVEC LE VENTRE ».

Donc, là j'ai quand même un sacré problème... Canaliser toutes les cabrioles qui arrivent en troupeau au bout de mes sabots... Pour ne pas faire peur à Léa. J'inspire... Je sors le ventre... J'expire le ventre rentre... j'inspire, j'expire... Cool, cool, tranquille... Inspire, expire...

Câline : « C'est bien, tu es formidable Guitariste. Continue comme cela ! »

Oléon : C'est très bien fils, tu te comportes comme un prince !

Le patron : « Dis donc, jeune homme, tu es vraiment extraordinaire. Tu fais vraiment attention à la petite, bravo ! Ne t'inquiètes pas, tu pourras bientôt lâcher toute ton énergie ! »

J'inspire, j'expire... Ça va aller...

Ils ont tous remarqué mon travail. Je suis fier.

J'y suis. Léa, c'est écarté suivant les recommandations de son papa. Le licol est ouvert ? Go ! Fzzzzzzzzz, bing, bang, boum, boum, fzzzz, doing, doing, tralalala, prout prout, bing bang, et les quatre pattes en même temps, la tête en bas ! Maintenant, un demi-tour, un arrêt debout sur les pattes arrières. Je peux même avancer rien qu'en marchant avec elles, comme les vrais deux pattes. Je vais encore faire une pointe jusqu'au gros chêne, demi-tour au trot, plus quelques foulées de ce truc qui me plaît tellement. Et j'aurai mon bisou de Léa ! Fzzzzzzzzzzzzzzzzz, freiner, passer au trot, facile ! Tout en douceur. Les réglages s'améliorent, doing doing, doing, c'est vraiment très drôle !

Je rétrograde encore, passage au pas, me voilà bien dans l'axe pour le bisou de Léa ! Stop !

Et le bisou tant attendu, comme il est bon ! Sans parler des caresses de ses petites mains douces... Je ne t'épouserai pas petite fille d'homme. Je serais ton cheval. Je suis ton cheval ! Qu'est-ce que je raconte là ?

Léa (en pensées) : « Tu es mon cheval, mon ami. Je t'aime ! »

Moi (je me sens tout pâle) : Je t'aime aussi Léa ».

Je ne sais pas ce qui se passe. J'ai le cœur serré. Je suis heureux aussi.

Oléon : « Tu deviens un cheval. Tu commences à réagir comme tel. Je suis très heureux de ton évolution, fils ! »

Câline : Tes mots, ont été dictés par la raison, par ton cœur de cheval aussi. Il arrive que l'on comprenne les choses que plus tardivement. L'essentiel, c'est que tes actions correspondent à tes pensées, tes valeurs... De cette façon tu vivras ta propre vie. Tu apprendras de tes faux pas, maladresses, de tes réussites également. Si ton cœur ne veut pas faire quelque chose. Ne le fais pas.

Oléon : Je me permets d'ajouter que tu peux apprendre à mettre du cœur dans tout ce que tu fais. Ca, c'est un bon moyen de vivre heureux... Mais attention fils, jamais ton cœur, ta générosité ne devront nuire à ta santé. Souvent le plus difficile est de se respecter soi-même. Tu ne pourras pas respecter les autres, si tu ne le fais pas pour toi. Écoute ton corps. S'il te dit qu'il ne peut plus... Ne fais plus. C'est avec toi-même que tu vas passer la plus grande partie de ta vie. Il faut que tu te connaisses, que tu te respectes, que tu t'aimes, cela tout au long de ta vie, et de sa progression... Afin de pouvoir vivre en paix. En paix avec toi-même déjà. Le reste suit. Mais comme le dit Câline. Si ton cœur ne veux pas faire quelque chose ne le fait pas. Il te faudra alors être prêt à assumer ton choix. S'il vient de tes valeurs ce sera plus simple. Ne confonds pas ton cœur qui n'est pas d'accord avec de la paresse...

Moi : Merci mes amis, je ne me sens pas d'humeur à parler. Je vais marcher un peu. À toute à l'heure.

Oléon à Câline : Madame, puis-je me permettre de vous proposer un brin de conversation ?

Câline : Avec beaucoup de plaisir cher monsieur, de quoi aimeriez-vous parler ? Avez-vous un sujet qui vous plaise plus particulièrement ?

Oléon : Je crois que pour commencer, nous pourrions parler du beau jeune homme qui nous unit...

Câline : Vous avez raison. Je crois que je pourrais parler de lui, de sa beauté, de sa gentillesse, de son dévouement, de son intelligence... toute la journée, et même plus si vous m'en donnez l'occasion.

Oléon : vous le connaissez depuis longtemps ?

Câline : Cela va faire deux tours de saisons entiers. Nous rentrerons dans la troisième dans quelques lunes. Quand il est arrivé, il était tout petit. Il avait l'air si perdu. Il n'avait pas le beau poil soyeux qu'il a aujourd'hui. Il avait sa grosse « bourre » de bébé. Ses grands yeux cherchaient quelques choses de rassurant... Il était inquiet. Rémi a su le rassurer.

Oléon : Votre maître a l'air vraiment gentil.

Câline : Oui, c'est vraiment un humain hors du commun. Si cela ne vous dérange pas je préférerai que Rémi et le mot maître ne soient pas accolés. Il n'est vraiment pas comme cela.

Oléon : Je suis de votre avis, chère amie. Pardonnez cette erreur de langage.

Câline : Ce n'est rien. Vous m'avez l'air de très bonnes origines. Vos manières sont celle d'un gentleman !

Oléon : « Ou celle d'un vieux croûton ! »

Il sourit en disant cela. Elle lui rend son sourire.

Câline : « Pour ma part je préfère sans aucune hésitation discuter avec un vieux croûton empli de savoir vivre, de connaissances, de délicatesses. Plutôt qu'avec une jeune brioche pleine d'arrogance. »

Oléon : Vous êtes drôle câline. Votre gentillesse, votre jeunesse me redonnent bon moral ! Vous et le petit m'avez donné en quelques jours plus de bonheur et de bien-être que mon maître n'a su le faire durant ces dix dernières années !

Câline : Merci, mais vous savez, notre vie est si belle, si douce... Nous aimerions vous apporter le confort de cette vie. À vous ainsi qu'à tous les chevaux.

Oléon : Vos sentiments à tous les deux sont nobles et bons... Je m'inquiète pour le petit. Il est si généreux...

Câline : Pourquoi cela vous tourmente-t-il ?

Oléon : J'ai peur, qu'un jour il ne finisse comme cheval de concours sous la selle, d'un « maître ou d'une maîtresse »...

Câline : Il appartient au patron comme moi. Il ne nous vendra pas !

Oléon : Je l'espère de tout cœur, madame. Le petit nous offre encore de ses spectacles d'acrobaties, regardez-moi cela !

Câline : « Qu'il est beau ! »

Prfffff... Me voilà !

Je vais m'entretenir de ce pas avec Oléon. J'aimerais bien savoir s'il y a une différence entre ma dame et madame ?

Moi : « Alors tous les deux, comment qu'c'est ? »

Câline : Tu sais que l'on ne dit pas cela ? Pourquoi tu fais le voyou, mon prince ?

Moi : Un peu gêné : Je n'ai pas envie d'être un prince tout le temps. J'ai envie de faire le fou aussi. De m'amuser. De rigoler.

Câline : Tu as raison, beaucoup d'entre nous ainsi que beaucoup d'humains perdent le sens de l'humour, de la joie, de la fête. Amuse-toi mon prince. Ne t'inquiète pas. Je pense après réflexion que pour être un bon prince il faut savoir rire et faire rire.

Moi : Merci ma belle.

Oléon : Ce jeune homme aurait-il quelques questions sur les poules à me poser ?

Moi : Les poules peuvent encore attendre ? Je voudrais te poser une question... Un peu particulière...

Câline : « Je vais faire un petit tour vers l'abris. Cela fait quelques jours que je n'ai pas été jusque-là ».

Elle file au petit trot. C'est chouette, c'est chouette, c'est chouette... Qu'elle est belle ma Câline. Je vais l'épouser...

Quelle est donc cette nouvelle pensée ?

Oléon : « Tu me la poses ta question ? Ou je prends racine à attendre ? »

Moi : Excuses-moi... Je pensais.

Oléon : À quoi s'il n'est pas trop indiscret ?

Moi : Je voulais savoir s'il y a une différence lorsque je pense « ma dame » et lorsque je pense madame ?

Oléon : Jeune homme les choses sérieuses commencent, dirait-on !

Moi : Tu ne vas pas me dire que la réponse est en moi ?

Oléon : Tu vois ? Tu comprends vite. Bien entendu que la réponse est en toi fils.

Cependant je vais essayer de t'aider à y voir plus claire. « Madame » est une formule de politesse pour s'adresser, justement à une femme pour les humains, à une jument pour les chevaux. Tu dis « bonjour madame », à la belle jument alezane qui passe de temps en temps devant ton parc ? Tu es poli avec elle, respectueux. Ton corps, ton cœur ne ressentent rien lorsqu'elle est à tes côtés ? N'est-ce pas ?

Moi : Oui... Non... Ressent rien.

Oléon : Bien ! Ton cœur a dissocié un seul mot, en deux. Ceci afin de placer l'amour que tu éprouves pour elle dans ce simple mot. Tu dis ainsi, qu'elle est importante pour toi. Ta dame !

Pour cela nous sommes comme les humains. Nous nous attribuons la « possession » des gens et des choses que l'on aime. Je ne suis pas sûr que cette façon soit bonne... Je ne suis pas sûr que l'amour soit de la possession... Mais pour beaucoup d'entre nous. Cette fois humains et chevaux, nous avons la même façon de réagir dans les sentiments. Léa pense « mon cheval ». Rémi pense sa femme. Toi tu penses ma dame. Tu aurais pu dire, « ma madame », mais tu as trouvé le « ma » dans le mot lui-même. Les humains disent, que tu fais un jeu de mots.

Moi : Je dis aussi mon box.

Oléon : Très bien. Tu comprends que pour toi, ton box n'a pas la même importance que n'importe quel autre box ? Que Léa est « ta Léa » pas juste une petite fille ?

Moi : Oui, je comprends. Ce que je ne sais pas, c'est si le fait de dire « ma dame » est grossier.

Oléon : Ne t'inquiète pas fils. Seule, celle qui t'aimera en retour sentira la différence. Cette nuance dans les mots est plutôt une nuance de sentiment.

Moi : Je comprends. Si je disais demain « ma dame ». (Je n'en n'ai pas du tout envie). À l'alezane. Elle n'entendrait que madame ! N'est ce pas ?

Oléon : Oui. Sauf si elle t'apprécie également de ce même sentiment...

Moi : Je n'essayerai pas. Celle que j'aime c'est Câline.

Oléon : Eh bien voilà jeune homme, c'est dit.

Moi : Qu'est-ce qui est dit ?

Oléon : Que tu aimes Câline gros bêta ! Ha, ha, ha !

Moi : Je n'aime pas que tu te moques de moi. Je crois que j'aime Câline. Je le découvre de jour en jour. Elle ne m'aime pas. Je ne crois pas qu'elle comprenne la nuance de sentiment que je mets dans mes mots...

Oléon : Écoute ton cœur fils. Laisse-le te parler librement. Ne le juge pas. Ne le condamne pas. Il fait ta beauté intérieure... Elle se voit à l'extérieur. Apprend à te connaître. Ne lutte pas contre ce que tu es. Tu es formidable ! Apprend ! Et affine ! Ne doute pas d'évidences !

Moi : « Je vais me dégourdir les pattes et le cerveau. Merci Oléon ».

Fzzzzzzzzz, tralalala, bing bang boum, doind doing. Stop ! roulades. Que c'est bon. Tien ! Voilà Câline.

L'AMOUR REND BELLES ET BEAUX

Câline : « Reste couché mon lou. Je vais m'allonger à côté de toi un instant ».

J'aime la grâce qu'elle met dans sa façon de se coucher. Ses genoux qui fléchissent doucement. La descente toute amortie de ses courbes noires. Son arrivée au sol se fait tout en douceur. Quand je touche le sol, cela fait un grand, Pof ! Câline, je n'entends que le souffle de l'herbe qui l'accueille avec autant de joie que moi. Le parfum de sa peau, mélangé au parfum de la terre, de l'herbe. Je me sens un peu flottant... Je pose ma tête sur le sol. Je ferme les yeux. Je savoure le passage des naseaux de « ma dame » le long de mon encolure... Que c'est bon.

Elle s'allonge. Sa tête repose légèrement sur mon encolure. Sa tendresse, son amour, sa chaleur débordent d'elle. Je me sens léger. Mon cœur bat plus vite, plus fort. Câline, si j'avais des bras je te serrerais si fort... que l'on ne ferait plus qu'un !

Câline : « Je peux savoir à quoi tu penses mon prince ? »

Moi : Un peu confus : Eh bien... Je... Je pensais.

Câline : Oui, cela, je l'avais remarqué. Peux-tu me dire à quoi ?

Moi : Normalement tu sais ce que je pense. Là, tu veux me faire croire que tu ne le sais pas ?

Câline : Je ne veux rien te faire croire. Je crois effectivement que je t'ai entendu penser...

Moi : Alors tu sais !

Câline : « Je ne sais pas si c'était tes pensées. J'ai peur de me tromper. Je ne sais pourquoi, cette fois je me demande si je ne m'invente pas tes pensées ? Elles ressemblent tellement à ce que je souhaite au plus profond de moi. J'ai peur de rêver, et non de t'entendre penser. Suis-je assez claire ? »

Moi : Très, très très heureux, un besoin d'exercice m'appelle : « Oui. Je comprends. J'arrive » !

Me voilà parti dans un numéro, unique à ce jour. Je me sens pousser des ailes. Je vole. Je suis un cheval volant ! Mon cœur va sortir de ma cage thoracique s'il continue à battre si fort. Elle m'aime, elle m'aime ! Entendez-vous dans vos chaumières, dans vos écuries ? Câline, la belle Câline aime : Moi, Guitariste ! Elle m'aime, comprenez-vous ? Zut, il faudrait peut-être que j'aille voir ma dame. Mon départ pour exprimer ma joie, a dû la surprendre... Fzzzzzzzzzzzzz. Me voilà, tout près de ma belle !

Moi : « Je... »

Un long moment de silence.

Câline (un peu gênée) : Alors ? Tu, quoi ?

Moi : Je... Un long moment de silence après. Je... Ce n'est pas facile. Je n'ai jamais dit des choses comme celles-là.

Je me sens tout étrange quand tu es près de moi. Mon cœur bat vite, et fort. Je me sens tout léger. Câline, tu es ma dame.

Câline : Je suis ta dame. Tu es mon prince !

Moi : « Je t'aime Câline, je t'aime ! »

J'ai dit cela en langage cheval, j'ai henni ! Câline d'un retour de hennissement me répond :

« Je t'aime mon prince. Je suis la jument la plus heureuse du monde ! Je t'aime, je t'aime, je t'aime ! »

Nous voilà côtes à côtes, c'est chouette, c'est chouette, c'est chouette... C'est trop bon, c'est trop bon, c'est trop bon... Passage au trot, près de l'abris. Elle me passe devant d'une demi-foulée. S'arrête net. Me fait le double clin d'œil. Je fonds de l'intérieur comme une tablette de chocolat au soleil. Son parfum est présent dans tout l'air qui nous entoure. Son parfum est celui de l'herbe verte du printemps et de la cannelle que met Corinne sur les tartes aux pommes, les deux, mélangés. Elle me sourit. Ses naseaux effleurent mes naseaux. Son souffle entre en moi par mes naseaux, et son air m'enivre. Elle se met au pas. Je ne pense plus. Je la suis. Je la suivrai ainsi au bout du monde...

C'est beau la vie, c'est beau la vie... C'est trop bon, c'est trop bon... Le galop, est encore meilleur. Oups ! Nous voilà près d'Oléon.

Il nous dit : « Comme il est bon de voir l'amour prendre toute la place qu'il lui est dû ! Merci mes enfants, cette image, cette sensation que vous m'offrez est celle du bonheur, du bien-être, de l'espoir. Merci, merci... »

Câline : « Ne nous remercie pas. Nous ne faisons pas d'effort pour t'offrir cette image, sensation comme tu dis. Je ne peux pas t'expliquer. Nous ne faisons rien d'extraordinaire. »

Je ne dis rien. Je suis d'accord avec ma dame. Je me sens... si bien... quelle merveille cette Câline...

Oléon : « Il ne faut pas récompenser uniquement les efforts. Vous apprendrez avec le temps, que le fait de savoir rester naturel, comme vous l'êtes, pures, nobles, justes.

N'est pas aisé. Que beaucoup d'entre nous, chevaux, et d'entre eux, humains, ont du mal à être eux-mêmes naturellement. Vous êtes par votre simplicité, votre pureté, des êtres exceptionnels. »

Nous : Nous sommes des chevaux, tout simplement.

Odéon : Oui. Le « tout simplement » comme vous dite, est le problème qui existe entre nous et eux. Eux, plus ils grandissent, plus ils se compliquent tout. S'inventent des excuses. Ils mentent. Ils passent leur vie à se fuir eux-mêmes. Ils s'éloignent de la vérité. Ils s'éloignent d'eux-mêmes et des autres. Plus ils sont loin d'eux et des leurs, plus nous sommes mal traités. Ils ne comprennent rien. Ils nous trouvent difficiles, bêtes, rétifs… Ils ne savent juste plus, voir, sentir ce que nous sommes. Ce que vous êtes là, tous les deux, pures, simples…

Moi : Qu'est-ce que c'est que des excuses ?

Oléon : « Ah ! Cela petit, c'est la grande spécialité des humains, je crois. »

Moi : Je me réjouis de savoir ce qu'est leur grande spécialité. Moi ! C'est les cabrioles !

Câline : « Je t'aime mon prince, comme tu es pur ! »

Pourquoi elle me dit cela ?

Oléon : « Je vais prendre un exemple. As-tu déjà cassé quelque chose, qu'il n'aura pas fallu casser ? »

Moi : Oui, il y a quelques lunes. Lorsque je bougeais encore beaucoup aux soins. J'ai fait tomber un pot qui c'est éclaté au sol en autant d'étoiles qu'il y a dans le ciel les nuits claires. Mais les soins, n'avaient rien à voir dans la chute du pot. Je jouais à le faire bouger avec mes naseaux. Je me demandais s'il pouvait tenir en l'air sans être sur le mur ?

Oléon : Bien ? Imagine que tu dises, au patron que ce soit les soins qui aient fait tomber le pot, parce que cela te chatouille, et que tu bouges, alors le pot, boum.

Moi : « Pourquoi devrais-je dire une telle chose ? J'ai fait une expérience personnelle. Rémi n'a pas aimé du tout ! Il m'a expliqué. Le verre c'est dangereux pour tout le monde. Il n'aimerait pas que je me coupe ou Léa ».

Léa, pouvait se faire mal à la suite d'une « grosse bêtise » comme celle-là ? Je n'étais pas fier...

Oléon : « Tu vois, un humain aurait pu dire que ce n'était pas lui. Quitte à accuser quelqu'un qui n'aurait rien fait du tout ! »

Moi : Pourquoi ? Ce n'est pas juste. C'est comme si Câline c'était fait rouspéter à ma place !

Câline : Tu peux comprendre après cet exemple que chacun doit assumer ses actes. Quoiqu'il ait fait.

Oléon : Les humains, essayent en général de reporter leurs erreurs sur d'autres. Parfois ils épousent une femme, un homme. Ils ont des enfants, un cheval... Souvent ceux-là même qu'ils devraient aimer plus que tout, se retrouve à porter leur mal être, leurs erreurs.

Moi : Comment font-ils pour s'aimer alors ?

Oléon : Pour ma part je n'ai pas de réponse à cette question. Ils disent s'aimer. Ça s'arrête là.

Câline : Non Oléon, certains savent aimer ! Rémi, Corinne, et Léa savent aimer ! Je les connais depuis longtemps maintenant pour être sûre de l'amour qu'ils ont les uns pour les autres, et pour nous ! Ils sont comme nous. Simples, pures comme tu dis !

Oléon : J'espère qu'ils liront cette histoire. C'est un hommage à mes yeux que de reconnaître cela à des deux pattes !

NE PAS SE FUIR

Moi : Menteur, c'est quoi ?

Oléon : Se chercher des excuses pour ne pas assumer ses actes sont des mensonges... Mentir je pense que l'on pourrait dire que c'est ne pas dire la vérité. N'hésite surtout pas à demander plus d'informations à quelqu'un d'autre.

Moi : Je comprends, je pense.

Câline : « Je peux te poser une question Guitariste ? Tu as dit tout à l'heure que tu voulais voir si le pot allait tenir même s'il n'était plus posé sur le rebord. C'est bien ce que tu as dit ? Peux-tu m'expliquer cela » ?

C'est vrai qu'ils font une drôle de tête. Je vais leur expliquer.

Moi : « Un jour, juste avant l'épisode de la chute du pot. J'avais vu une fourche en bois qui tenait toute seule dans le vide, juste en dessous de la grosse poutre centrale du couloir devant notre écurie... Je me demandais si toutes les choses pouvaient tenir dans l'air ainsi ? »

Câline se mit à rire. Un vrai éclat de rire. J'aime l'entendre rire, même si tout de suite je sens qu'elle se moque un peu. C'est tellement plein d'amour, de tendresse... Oléon, a l'air encore plus sceptique avec ces deux sourcils qui se rapprochent. Ils font un peu comme un chapeau pointu. Il dit :

« Une fourche qui tient dans l'air toute seule ? Chère amie voudriez-vous bien nous éclairer sur ce point, bien étrange. Je l'avoue. J'ai vu beaucoup de choses dans ma vie, mais une fourche volante, ça, je ne l'ai jamais vu ! »

Moi je l'ai vu, et cela m'a fait rêver... Souvent. C'est important de rêver.

Câline : « La fourche ne vole pas. Elle se trouve à cet endroit à chaque saison du foin. Elle ne vole pas, ha, ha, HI, HI ! Rémi a fixé deux attaches à la grosse poutre, comme ça quand il arrive avec les remorques, la fourche est toute prête. Il est vrai que les attachent ne se voient pas. On pourrait croire que la fourche vole ! Tu pensais que les choses pouvaient tenir en l'air, comme ça ? Tu es vraiment adorable ! »

Oléon rigole comme nous ne l'avons jamais entendu rire. Il me dit :

« Tu es vraiment formidable fils. les choses ne peuvent pas tenir comme cela. Il faut qu'elles soient tenues, portées, accrochées, collées... enfin, pas comme cela en l'air. Comme pour ton pot, si tu prends une chose et que tu lui enlèves son support. Elle tombe. Si je te retire la terre de dessous les sabots tu tombes. »

Moi : « Ça va, ça va, j'ai compris. Mais cette fourche m'a fait rêver... J'ai rêvé que moi aussi je volais... Ce rêve est agréable. Il me met en joie, en légèreté. Câline, j'aimerai t'emmener dans ce rêve... Tu peux enlever la terre de dessous mes sabots ? Si je tombe ? Je tombe où ? »

Un long moment de silence, et nous voilà chacun dans un endroit de nos prés respectifs. À penser, à brouter. L'ambiance est à la réflexion en solo. J'observe ma belle perle noire. Je pense à Léa. L'heure de sa visite ne devrait plus tarder. Le soleil est déjà bien bas. J'aimerai savoir ce qu'Oléon entend par se fuir ? Il a dit : « Ils se fuient eux-mêmes... L'autre jour, on pouvait se perdre, et voilà que maintenant l'on peut se fuir ? Qu'est-ce que c'est que ce truc ? Je vais vite lui demander. Fzzzzzzz, tralallalaa, doing, doing, c'est trop bon, c'est trop bon, oh ! oh ! oh ! Stop ! »

Oléon : « Oui jeune homme que puis-je pour vous ? »

Moi : Comment fait-on pour se fuir ?

Oléon : T'en rate pas une toi, hein ! À force de mensonges, d'excuses, tu ne sais plus qui tu es. Tu fais de plus en plus de choses qui ne sont pas tes propres valeurs. Tu finis par les oublier totalement ou presque. Tu sais quelque part que tu n'es pas ainsi. Tu as tellement pris l'habitude de devenir quelqu'un d'autre. Ton vrai toi, te fais peur. Tu l'évites. Tu mens de plus en plus souvent. Tu te cherches des excuses... Si par hasard une vraie question arrive, elle est vite tournée au ridicule ou laissée de côté comme un vrai « problème ».

Moi : Tu veux dire que se fuir, c'est ne pas accepter qui l'on est ?

Oléon : Je crois que tu peux garder cela comme explication. Cette fois encore n'hésite pas à demander à quelqu'un qui serait plus compétent sur le sujet.

Moi : « Et une poule, alors c'est quoi ? »

Oléon n'a pas le temps de me répondre, Rémi et Léa arrivent. Léa fait de petits sauts autour de son papa. Ils ont l'air heureux ces deux-là... Je vais essayer de hennir pour appeler Léa. Tu n'entends pas ?

Parce que je n'y arrive pas ! zut.

Bon, je lui fais un numéro digne d'un Guitariste très inspiré par l'amour, l'amour de Câline, l'amour pour ma princesse... Bing, bang, tralalala lala lal, doing, doing, doing, doing, croupade, cabriole, cabré, pointe de vitesse Fzzzzzzzzzzzzzz, hop hop hop... Je vais passer devant eux à toute vitesse. Je m'arrêterai un tout petit peu plus loin, pour arriver doucement chercher mon bisou de Léa. J'y vais. Fzzzzzzzzzzzzzzzzzzzzzzz ho ; ho. Je freine. Je rentre mon postérieur. Je relève l'avant, et... Stop ! Prffff. Je souffle fort. Ils sont tous contents. Câline, tu as les plus beaux yeux du monde ma belle !

Le bisou de Léa a toujours ce bon goût de miel. Son petit nez n'arrête pas de bouger. Elle est très en forme ce soir. Tout l'a fait rire. Elle me caresse la joue. Je suis très sage. Je reçois ses caresses comme un cadeau. Je voudrai que cela dure toujours. Je lui dis en pensées que Câline et moi sommes amoureux. Elle me dit : « Je savais que vous étiez amoureux, même si ça fait rire papa ».

Moi : C'est très sérieux pourtant.

Léa : « L'amour c'est ce qu'il y a de plus important. »

Léa a passé tout ce temps, sa joue contre ma joue. J'ai baissé ma tête presque aussi basse que pour brouter. Elle ne grandit vraiment pas vite... Je n'ai plus besoin d'attendre qu'elle soit grande pour l'aimer. Je l'aime comme un cheval peut aimer un humain, cela jusqu'à ma dernière lune.

Nous étions tellement partis dans nos pensées que nous n'avons rien entendues de ce qui se passait au tour. Câline nous explique qu'Oléon dormira à la maison ce soir. Rémi a demandé l'autorisation à son maître, prétextant un excès de pommes, de carottes... Le maître a dit qu'Oléon ne méritait vraiment pas cela... mais il ne voyait pas d'inconvénient à ce qu'il passe une nuit chez nous. Tant qu'il n'y avait pas de soucis, et rien à payer... Cela lui était égal.

Voilà, pourquoi Léa est tellement excitée. C'est elle qui a dû faire comprendre à son papa.

Câline, Oléon et Rémi nous regardent avec des yeux un peu mouillés... Le patron dit :

Vous êtes vraiment touchant mes deux « bébés ».

Je n'aime pas trop le mot « bébé » mais il y a mis « mes » bébés. Cela veut dire qu'il dit, qu'il nous aime. Si j'ai bien compris ?

Oléon (très heureux) : « C'est tout à fait cela mon fils ! Tu as bien compris ».

J'espère que tu arrives à faire la différence entre nos pensées et les vrais mots. C'est un autre langage, la pensée, pour vous les être humains. Enfin, peut-être que vous négligez cette façon de fonctionner. Certains d'entre vous doivent être capables de communiquer par la pensée… Pour nous les chevaux, c'est notre première langue. Nous communiquons par des faits, des gestes, et des pensées. Tout le temps vous mettez des mots sur des choses, sur des sentiments. Nous les vivons, les exprimons avec notre corps. Nous entendons penser ceux que l'on aime. Notre façon de communiquer est gestuelle et en pensées. Nous comprendre, demande d'apprendre. Le patron il prend le temps, il vient s'asseoir au pré avec Léa. Ils ne font rien à première vue. En réalité, ils travaillent, Rémi nous observe. Il explique à « notre ange » : Les muscles, les os, les allures, les vibrations, les comportements qui font que nous sommes chevaux et non humain. Il lui parle de notre peau qui tremble sous les minuscules pattes des mouches. Ca, je peux te dire qu'elles chatouillent, c'est pire que les soins, en plus certaines fois elles s'y mettent à plusieurs. À des endroits différents. Je n'aime pas cela du tout. Il lui explique qu'il ne faudra jamais qu'elle oublie cela ! Je pense que cela aide beaucoup Léa à communiquer avec nous. Elle nous ressent. Elle nous vit à l'intérieur d'elle. Elle parle cheval, comme d'autres enfants du village parlent un peu l'Alsacien. Léa, parle mieux cheval que tous les autres ne parlent leur propre dialecte. Léa, est formidable !

Patron : « Bon, on rentre toute ma troupe ? Léa, tu accompagnes Câline ? Moi, je prends, les deux messieurs ! »

Nous sommes tous surpris, Rémi confie déjà Câline à Léa ? Elle est si petite encore.

Patron : « Toi jeune homme (moi donc), dès que je serais sûr que tu ne feras plus l'imbécile tu rentreras aux côtés de la petite. Allez, maman va s'inquiéter »...

Je trouve que je me tiens sage. Je dois dire que je ne suis pas encore très sûr de pouvoir contrôler toutes envies de cabrioles. Ni de rester tranquille si un régiment de mouches venait me chatouiller de partout. Tu as bien raison Patron !

Comme un choeur à trois voix. Enfin à douze pattes. Dans une chorale, nos sabots sur la route ce soir chantent : C'est beau la vie, c'est beau la vie, c'est beau la vie, dans le même élan de bien-être Rémi ce met à siffler... Le petit nez de Léa se met à bouger et elle se met à rire. Câline je le vois est très fière de cette mission importante qui lui est confiée... L'éducation de Léa. Qui pourrait mieux lui apprendre les chevaux que Câline ? Oléon est transporté de bonheur à l'idée de dormir au chaud. Je suis tellement heureux que je ne saurais dire lequel de ces événements me met le plus en joie.

Nous voilà déjà à la maison. Le patron dit à Léa de lâcher la longe de Câline, que c'était très bien. Elles s'en sont vraiment bien sorties toutes les deux. Câline effleure les boucles de cheveux de Léa. Puis elle rentre dans ses appartements. Il faut que je patiente me dit le patron, j'ai un invité cette nuit dans mon box.

Je suis vraiment heureux de pouvoir partager cette maison avec mon ami. Rémi nous a attachés tous les deux dans la cour. Oléon a l'air inquiet.

Moi : « Oléon ? Ça ne va pas ? Tu as l'air tout bizarre ? »

Oléon : C'est-à-dire fils... Je ne vois que deux box. Nous sommes trois avec moi...

Moi : Ne t'inquiètes pas. Tu vas dormir avec moi, mon box est si grand que nous n'aurons pas besoin de nous serrer. Et, même s'il fallait se serrer... Tu es mon ami. Je suis très heureux que tu sois enfin au chaud. Je suis fier de pouvoir t'accueillir. C'est un honneur que tu acceptes !

Oléon : « Merci fils, tu es vraiment un prince ! »

Tout le monde a l'air heureux ce soir dans cette petite cour ! Corinne est en bas avec nous. Elle a même fait une caresse à Câline. Peut-être y a-t-il une fête ce soir ? Je ne l'aurai pas entendu ?

Rémi, approche avec toutes les brosses, et autres instruments de chatouille. Je me tiens tranquille, mais certaines fois c'est encore un peu difficile...

Rémi : « Voilà jeune homme, un bon coup de brosse, demain est un grand jour. Il va falloir bien dormir cette nuit ! »

Moi : Demain ? Un grand jour ?

Rémi : « Tu es devenu sage. Tu as quatre ans demain. Je te réserve une surprise qui devrait te faire plaisir ! »

Il a l'air si content. De quoi me parle-t-il ? Je demanderai à Oléon toute à l'heure. Les soins sont finis pour moi, autour d'Oléon maintenant.

Rémi parle à Oléon : « Tu n'as pas de chance toi, hein ? C'est un drôle de gars ton maître. Il n'a pas l'air tendre. Je vais voir ce que je peux faire pour toi. En attendant profites bien de tes amis. Je vous ai observés tous les trois. Léa a l'air de t'aimer beaucoup également. Tu sais ? Ce n'est pas moi qui t'es remarqué. Câline, Guitariste et Léa, c'est eux qu'il faut remercier de m'avoir ouvert les yeux. »

Oléon n'a rien dit. Il pleurait.

Moi : « Viens ! Entre mon ami. Considère mon box, comme ton box. Je suis vraiment heureux que tu sois là. Ça va ? »

Oléon : Vous avez un patron formidable. Jamais personne ne m'a brossé de la sorte. Jamais personne ne m'a parlé ainsi. Jamais quelqu'un ne m'a aimé pour moi. Sans mes capacités à sauter des barres ! Si le paradis existe, je crois que c'est ici.

Câline : Sois le bien venu dans notre petite écurie du bonheur.

Léa : Je suis contente que tu sois là mon beau. Tu verras ici tu seras bien !

Patron : « À la soupe ma grande troupe ! Oléon je te donnerais ton casse-croûte dans un sceau. Il n'y a qu'une seule mangeoire. Je suis désolé. »

Il sert une ration dans un sceau, et une ration dans ma mangeoire.

Moi à Oléon : « Mon ami, tu mangeras dans ma mangeoire. Je mangerai dans le sceau. »

Oléon : « Que dire ? À part, merci, encore une fois. J'ai l'impression de rêver ! »

Léa et Rémi en même temps nous souhaitent un bon appétit. Nous leur renvoyons cette invitation aux plaisirs du palais. Oléon a l'air de se régaler. Je ne vais pas parler la bouche pleine. J'ai des questions urgentes à lui poser. Je vais manger ce délicieux repas dans le calme. Rémi dit qu'il faut manger dans le calme, humains et chevaux. Je mange dans le calme. Je mange dans le calme. Je mange dans le calme. Je mange dans le calme...

Oléon : « Ça ne va pas fils ? Tu préfères manger dans ta mangeoire ? »

Moi Très surpris : Non, pourquoi me demandes-tu cela ?

Oléon : Tu n'arrêtes pas de bouger dans tous les sens. Il faut manger dans le calme petit !

Moi : C'est ce que je me répétais lorsque tu m'as parlé.

Oléon : Donc, si je comprends bien, malgré tout tes efforts tu n'arrives pas à rester tranquille ? Tu dois peut-être avoir des questions à me poser ! La poule peut-être ? J'ai presque réussi à commencer l'explication toute à l'heure...

Moi : J'ai des questions. Je crois que la poule va encore devoir attendre... Quatre ans cela veut-il dire que je suis grand, moins pataud ? Un grand jour, c'est un jour qui est vraiment beaucoup plus grand que les autres ? Le paradis c'est quoi ?

Oléon : Doucement, jeune homme, une question après l'autre. Effectivement la poule peut encore attendre. Quatre ans c'est un âge auquel nous chevaux nous devenons un peu « adulte ». Les humains commencent à nous débourrer à cet âge-là. En réalité ils commencent souvent à trois ans.

Moi : « À nous quoi ? »

Ce mot sonne mal dans mon oreille.

Oléon : « Débourrer. C'est les moments ou ils t'apprennent qu'ils vont monter sur ton dos, et souvent c'est le début des ennuis pour nous... Guitariste, je crois pouvoir te dire que ton débourrage s'il est fait par ton patron sera un bon débourrage. Il sait prendre son temps. Il sait écouter son cœur, celui de sa fille, celui de sa femme, celui de ses chevaux. Fils, cet homme est bon. Tu dois pouvoir lui faire confiance. »

Câline : Oui, Rémi est bon. Laisse-le te guider dans ton éducation. Tout ce que je sais, vient de lui. Tout ce qui vient de lui est confortable. Jamais il ne te demandera plus que tu ne peux lui donner. Quant à toi Oléon, je suis heureuse que tu sois parmi nous à partager cette chose impossible à imaginer « la bonté d'un deux pattes ».

Moi : Bien, demain c'est un jour vraiment plus grand que les autres jours ? Il a dit qu'il fallait bien se reposer... C'est qu'il doit vraiment être grand ? Jamais le patron ne nous a dit cela !

Oléon : C'est une façon de parler. La journée de demain sera une journée particulière. Rémi a l'air de se réjouir. Je ne sais pas ce qu'il te prépare, l'idée de te faire plaisir le met en joie. C'est plutôt bon signe, non ?

Moi : Tu veux dire que ce sera une journée comme les autres ? Le soleil ne restera pas plus longtemps haut dans le ciel ? La nuit arrivera comme hier ? Ce sera juste « un grand jour » parce que l'on va y faire quelque chose de particulier ?

Oléon : Oui, juste pour cela.

Moi : Cela a l'air agréable de se préparer pour un jour particulier. Pourquoi ne fait-on pas quelque chose de spécial tous les jours afin de voir cette bonne humeur ?

Oléon : Eh bien ! Je ne sais pas ce que te réserve ton patron. Peut-être que tu comprendras que l'on ne peut pas faire tous les jours des choses particulières. Je me permets de me réjouir pour toi. Cet homme est vraiment formidable. La joie qui sortait de lui ce soir laisse penser à du bonheur. Fais-lui confiance petit. Mange, tranquillement.

Moi : Tu as raison. Je vais finir ce succulent repas, et ces pommes... Qu'est-ce que tu en penses toi ? Et ces carottes ? Juste comme tu les aimes ma belle !

Câline : Tu me connais. Je t'aime mon prince ! Les pommes sont à ton goût, également, non !

Oléon : C'est vraiment bon de voir, de sentir tout cet amour. Et ces pommes, ces carottes, ce grain, ce foin. Quelle fête !

Moi : « Zuste comme Che les zaime ! Excusez-moi, j'ai encore parlé la bouche pleine. »

Tous les deux ensemble dans un sourire : « Ce n'est pas grave pour cette fois. Mange ! »

Le paradis, il faudra que je demande à Oléon et à câline ce que c'est que cela ?

Le repas est terminé. J'en ai partout. J'aime faire une sorte de compote avec les pommes. Ensuite j'aspire le jus entre mes lèvres... Je trouve que les pommes sont encore meilleures ainsi. Pas toi ?

Le patron et Léa nous souhaitent « la bonne nuit ». Nous les remercions également tous les trois pour la présence d'Oléon parmi nous.

Moi : « Alors Oléon, comment trouves-tu notre box ? »

Oléon : Je trouve cet endroit super-cool !

Moi : Comment ?

Oléon : Pardonne mon langage. Je me sens si bien, si heureux... C'est trop cool. Ha, ha, ha, ha !

Moi : Le paradis, c'est quoi ?

Oléon : Oh la la ! Pour ce soir cette question ?

Moi : Si tu veux bien. Sinon, tu me le diras demain.

Oléon : Je vais essayer de te répondre, mais pour cette fois, il faudra vraiment que tu demandes à quelqu'un d'autre. Je vais te répondre avec mon cœur. Ce n'est pas quelque chose que quelqu'un m'aurait transmis. Tu comprends ?

Moi : Oui, je comprends.

Oléon : Le paradis, pour moi… C'est un endroit, où il n'y a pas de soucis. Pas d'injustice. Pas de mensonge. Pas d'excuse. Pas de violence. Pas de malheur. Pas de racisme. Pas d'autres larmes que celles de joie. Au paradis, il n'y a que de l'amour, de la tendresse de la compréhension, du partage. L'herbe y est verte et odorante, l'eau claire, la chaleur est douce. Les pommes et les carottes arrivent dès que tu y penses. Le paradis, fils, c'est le paradis ! Mais je crois que chacun à sa propre vision de la chose.

Moi : Eh bien dit donc ! J'aimerai bien y aller. Mon paradis, ressemblera sans doute au tien. Comment fait-on pour y aller ?

Oléon : Je ne sais pas cela fils. Si tu connais le chemin qui y mène un jour. Pense à moi, très fort.

Moi : Je penserai fort à toi. Je te donnerais les indications pour que toi aussi tu y viennes. Si c'est toi qui trouves le premier. Tu nous préviendras ? Câline et moi ?

Oléon sourit en me répondant : Je vous préviendrai. Vous pouvez compter sur moi.

Moi : « Racisme » c'est quoi ?

Oléon : Si tu me poses des questions toute la nuit… je vais finir par regretter de ne pas avoir passé la nuit au pré… Je plaisante, aucune de tes questions ne pourrait me faire regretter le froid et la solitude de ces nuits… Je réponds à cette question puis je dors. Si tu le permets ? Tu sais que ce n'est pas facile toutes ces questions ? Alors, le racisme : Tu vois ? Toi par exemple tu es baie (brun avec les poils de la crinière et de la queue noirs), grand. Tu pourrais ne pas supporter les chevaux d'une autre taille que la tienne, d'une autre couleur… Tu pourrais ne pas aimer les chevaux, Espagnols, Arabes. Tous ces exemples je crois sont des formes de racisme.

Moi : Alors je ne pourrai pas aimer Câline ? Ce serait vraiment dommage ! Tu veux dire que le racisme c'est ne pas accepter ceux qui sont différents de soi ?

Oléon : Oui. Le racisme peut aller très loin. Certains sont capables de tuer par leur intolérance.

Moi : Merci pour tes enseignements, Oléon. Je te laisse dormir.

Oléon : Ce n'est rien fils. Mais je suis vraiment fatigué. Tu préfères que je me couche à quel endroit ?

Moi : « Choisis ! »

Câline : Bonne nuit tous les deux.

Moi : Bonne nuit ma douce. Je t'accompagne au pays des rêves.

Oléon : Bonne nuit dame Câline. Et merci de votre accueil à tous les deux. Bonne nuit fils.

Oléon se couche dans le coin de gauche. Je me colle au mur qui me sépare de Câline. Elle se couche de la même façon, de son côté. Ce qui fait que le mur de planches ne nous sépare plus. Il nous met en « contact » ! C'est ma chérie qui a trouvé cela ! Je m'endors avec mon corps, mon cœur, vivants de mon amour pour elle. Contre elle.

Bonne nuit mes amis !

LE GRAND JOUR

…

Le jour se lève à peine. Je suis réveillé. Oléon dort si profondément. Je vais rester allongé. Qu'il continue de rêver.

Je me demande comment ça fait de vivre un grand jour ? Je me réjouis. Je ne suis pas tranquille en même temps.

Tien ! Voilà le gros chat roux. Il a dû faire la fête toute la nuit. C'est un « voyou » !

Le chat roux : « Alors beau mec ». C'est à moi qu'il parle. « Ça roule ? »

Moi : Ne pense pas si fort ! Tu vas le réveiller.

le chat : Ouaip, c'est qui celui-là d'abord ?

Moi : Fais doucement, s'il te plaît. C'est un ami. Il habite dans le pré voisin du nôtre. Depuis quelques lunes. Tu sais ? Sa vie, n'est pas drôle, ni agréable, ni confortable. Il a « un maître » !

Le chat : Non ! Un maître ? Le pauvre. Je vais penser plus bas.

Moi : Merci. Je peux te poser une question ?

Le chat : Vas-y.

Moi : Je me demande pourquoi parfois tu as l'air si méchant. Si frimeur, si voyou ? Alors qu'en réalité tu es un super-gentil chat. Câlin et tout.

Le chat : Tais-toi malheureux ! Tu veux que tous les chats du quartier t'entendent penser des choses comme celles-la ?

Moi : Je ne pense rien de mal. C'est la vérité. Tu es un bon chat.

Le chat : Et mon honneur ? T'en fais quoi mec, de mon honneur ?

Moi : De ton quoi ?

Le chat : Laisse tomber la neige ».

En me disant ces mots, il gonfle sa queue, qu'il redresse sur son dos. Et disparaît comme il est apparu. Nous n'avons pas réveillé Câline et Oléon, ouf !

Je ne comprends rien à tout cela. La journée démarre fort ! Encore des questions pour Oléon.

L'honneur du chat, la poule... Toutes ces choses à lui demander...

Il dort si bien, Câline aussi. Je ne peux la voir. Je l'imagine, je la sens, couchée de toute sa grâce, sa merveilleuse robe noire, son intelligence incroyable. Toute ma Câline tendrement épanouie au doux pays des rêves. Je crois que je viens d'entendre Léa dans la cuisine. La cuisine est juste en face, au-dessus de mon box. Il arrive que Léa monte sur une chaise et m'envoie un bisou avec sa main par la fenêtre. Je m'imagine que le bisou a de petites ailes et qu'il vole jusque sur mon bout du nez. Quelques fois je sens ce bisou. Comme si c'était un vrai ! Tiens la voilà sur sa chaise. Hop un bisou volant pour commencer cette journée, quel bonheur ! Tu l'as senti toi aussi ?

Oléon et Câline se réveillent... Chuuuut... Il est bon de revenir dans le monde de la journée... dans le calme. Je ne bouge pas. J'attends un signe de leur part pour leur parler.

Oléon : « Bonjour fils... Qu'elle bonne nuit ! Tu as bien dormi toi ? »

Moi : Bonjour Oléon. Oh ça oui, j'ai bien dormi. Je suis un peu inquiet à cause de cette grande journée...

Câline : Bonjour Oléon... bonjour mon prince... N'ais pas peur, fais confiance à la vie, au patron, à nous. Et JOYEUX ANNIVERSAIRE !

OLEON : JOYEUX ANNIVERSAIRE fils !

Souriante Expresse : JOYEUX ANNIVERSAIRE mec.

Moi : Merci. Je suis tout joyeux dedans. Tralalala, trala-la. Tu es déjà réveillée petite sourie ? À cette heure tu dors d'habitude.

Souriante Expresse : Oui mais aujourd'hui c'est un grand jour... C'est ton ANNIVERSAIRE ! JOYEUX ANNIVERSAIRE !

Moi : Merci, je suis touché. Oléon ? Tu joues avec moi ?

Je le mordille, alors il tourne. Il tourne vite, alors je tourne aussi. On prend de la vitesse...

Oléon : Doucement jeune homme nous allons nous faire rouspéter.

Effectivement nous avons fait un peu de bruit. Mon box est grand... Mais pas assez pour faire le « couillon » quand même. Léa dévale les escaliers...

La voilà !

Léa : « Joyeux anniversaire Mon cheval, mon ami. JOYEUX ANNIVERSAIRE ! »

Elle me sert fort, et me fait des bisous. J'adore ça ! Je lui renifle les cheveux tout doucement. Elle sent bon ! Je lui fais « Un bisou souffle ».

Rémi : « Bonjour jeune homme, tu es près pour vivre ce grand jour ? JOYEUX ANNIVERSAIRE ! »

Je suis tout ému. Oh lala ! Je n'avais pas vu... Même Corinne est descendue.

Corinne : « JOYEUX ANNIVERSAIRE PETIT. Enfin... Tu n'es plus si petit que cela ».

Câline a raison il faut que je fasse confiance à tout le monde ici. C'est merveilleux d'être aimé ! En plus nous avons le droit à un petit-déjeuner de rêve... Grains, carottes, pommes, mélasse... Ch'est vraiment bon !

Moi : « Bon appétit à tout le monde ».

Tous les autres ensemble : « Bon appétit tout le monde ».

Quel régal. Après nous irons aux prés. Chouette !

Le petit-déjeuner est terminé. Je vois le patron qui a un nouveau sourire. Il rentre, il sort. Il siffle. Que lui arrive-t-il ? Lui qui est si réservé d'habitude... C'est sans doute à cause du grand jour... Je sens que ce soir je vais avoir vécu beaucoup d'expériences personnelles... Déjà le JOYEUX ANNIVERSAIRE que tout le monde m'a souhaité. Tu sais ? Ce n'est pas rien. Léa et Corinne ont un sourire que je ne leur connais pas non plus. Comme le patron, elles rentrent, elles sortent. Léa transporte plusieurs tapis de selle. Ils doivent ranger la sellerie. Oléon a l'air de se marrer en douce.

Moi : « Est-ce que monsieur ne saurait pas quelque chose que j'ignore sur cette journée, particulière ? »

Oléon. Très sérieux. : « Non, non fils. Rien que tu ne devrais savoir. »

Moi : « Humpfff »... Je peux t'en poser une, alors ?

Oléon : « Bien entendu fils ».

Je lui raconte l'histoire du chat roux ce matin. Et de son honneur que je risquais d'abîmer en disant qu'il était gentil.

Moi : « C'est quoi l'honneur ? »

Oléon : Tu sais qu'il va falloir que j'aille à l'école. Tes questions sont de plus en plus difficiles...

Peut-être que l'honneur c'est les qualités que tu te reconnais. C'est avoir une ligne de conduite et t'y tenir. Avoir des valeurs auxquelles tu tiens, que tu défends. C'est faire ce que tu dis. C'est ne pas regretter tes actions... Je ne sais pas très bien...

Moi : « Je vais réfléchir à cela. Merci ».

Ben là, pour de vrai, la journée serait déjà bien assez longue à mon goût. Pas facile cette histoire d'honneur. Je ne comprends pas très bien. Je ne fais pas le lien avec le gros chat roux. Si j'ai compris ce que m'a dit Oléon, l'honneur c'est être fier de ce que l'on est, de ce que l'on fait pour de vrai. Le chat est gentil et il ne veut pas que je le dise. Cela nuirait à son honneur ? J'en reparlerais à Oléon. Je trouve dommage qu'il soit gentil et qu'il fasse comme s'il était un voyou... Il se fuit ?

Je crois que si la petite famille de deux pattes que je vois ce matin sous mes yeux était des chevaux, ils piafferaient ! Je me demande ce qui leur prend ? C'est louche...

Rémi : « Allez toute ma troupe, on sort. C'est parti pour la grande journée ! »

Il nous met un licol à chacun, et nous attache dans la cour. Je suis placé entre ma Câline et mon ami. Nous avons le droit à une partie de chatouille. Corinne et Léa brossent Câline. Le patron s'occupe de notre invité et de moi. Je vois bien qu'il manigance quelque chose avec Oléon. Le patron s'arrête. Caresse mon dos et dit :

« Léa ? »

Léa : Oui papa.

Rémi : Viens approches ma fille. Veux-tu devenir l'amie de Guitariste ? Est-ce que tu veux apprendre à le connaître, à t'en occuper, à l'aimer ?

Léa : « Oh, oui papa, oui papa, oui papa ! »

Rémi : « Guitariste veux-tu devenir l'ami de Léa ? Apprendre à la connaître, à faire attention à elle, à l'aimer ? »

Moi : « Oui je le veux, je le veux, je le veux ! »

Pour être sûr qu'il ait compris je lui donne un petit coup de tête. Et un souffle dans les cheveux de Léa.

Rémi : D'accord gamin j'ai compris. Fais doucement. Léa, aujourd'hui tu deviens « responsable » de Guitariste. Ce cheval, considère-le comme un livre. L'histoire que tu pourras lire jour après jour sera celle que tu auras écrite. Les chevaux sont des miroirs qui nous aident à nous trouver à écrire notre légende de vie, suivant notre cœur. Cela si nous savons les écouter, les comprendre, les respecter.

Guitariste, aujourd'hui tu deviens le guide de Léa. Aide-la à trouver son chemin si jamais elle ne s'égare. Je vais m'occuper de t'apprendre les bases, le reste sera votre vie.

Léa et moi : « Merci, merci, merci, merci ».

Le petit bout du nez de Léa n'arrête pas de tourner. Je crois que cette surprise elle ne l'attendait pas non plus.

Moi : « Oh ! Léa comme je suis heureux. Je suis ton cheval, ton ami. Prends toujours soins de moi. Aime-moi toujours plus. Je ferais attention qu'il ne t'arrive rien. Et t'aimerai comme je le fais depuis que l'on se connaît. Je vais continuer à t'aimer d'avantage chaque jour. À me réjouir de tes arrivées. À commencer à t'attendre dès que tu me quittes. Léa Je t'aime ! »

Léa : Guitariste. Je te promets tout cela ! Je t'aime ! Merci d'avoir accepté. Nous allons écrire une belle histoire tous les deux. Si jamais je ne te comprends pas. Aides moi à trouver.

Moi : « Merci à toi d'avoir accepté d'être mon amie. »

Corinne pleure, Oléon pleure, Câline pleure, Rémi pleure... Il y a eu un truc triste ? J'ai ma tête contre le ventre de Léa. Elle me caresse tout tendrement entre mes deux oreilles. C'est doux !

Corinne dit : « Mon dieu comme ils sont beaux tous les deux ! »

Ils ne sont pas tristes. Ils sont émus.

Rémi : « Bon ! Ce n'est pas fini. Jeune homme, aujourd'hui tu viens en promenade avec nous... Mais tu vas me porter sur ton dos si tu le veux bien. Corinne fermera la marche avec Câline, et Oléon va porter Léa, si elle le veut bien. Oléon est d'accord, nous en avons parlé hier soir. Léa, veux-tu monter toute seule sur notre nouveau compagnon ? Vous marcherez tous deux aux côtés de Guitariste. »

Léa : « Toute seule papa ? Oh oui, merci ! »

Elle court faire un câlin à la patte d'Oléon. Il est ému. Je me demande comment ça fait d'avoir quelqu'un sur le dos ? Ça fait mal ? On ne tombe pas au début ? Comment faire pour comprendre les demandes ? Vais-je savoir ? Et s'il y avait des mouches...

Câline : « Calmes toi amour. Fais confiance à Rémi. Et puis nous sommes là. Oléon va marcher à côté de toi, Léa sur son dos. Moi je serais juste derrière toi, et Rémi sera sur ton dos. Corinne t'aime bien aussi. Alors que veux-tu qu'il t'arrive ? »

Câline étend son encolure et me fais un « bisou souffle » dans mes naseaux. Ça réchauffe tout le dedans. J'ai bien besoin d'un grand coup de courage.

Nous voilà tous seller. Le matériel j'ai déjà l'habitude… Bon, je vais rester tranquille. Ouille, ouille, ouille. J'ai la trouille… Pour de vrai.

Nous sortons de la cour. Rémi ne me tient pas très fermement. Pour le moment tout le monde est à pieds. Je sens sa main qui caresse mon encolure. Je suis un peu tendu, ses caresses ne passent pas en profondeur comme d'habitude. Je sens qu'il se relâche à l'intérieur de lui. Cela me détend, un peu. J'ai maintenant l'impression que ses caresses sont des mots qui me réconfortent. Comme s'il me disait : « Ça va petit, n'ais pas peur à chaque mouvement de ses doigts. Je me relâche… Nous faisons encore quelques pas. Nous sommes arrivés au carrefour. Par là, c'est les prés. Par là, c'est la promenade. Il y a une grosse pierre posée sur un grand rond d'herbe, plus loin deux bancs se font face. Les “cheveux blancs” du village y passent de longues heures à discuter. Il y a aussi un bac à sable. Là, ils jouent à jeter des grosses boules en fer le plus près possible d'une autre boule, plus petite. Ils se passionnent pour cela. Tout le monde : Les messieurs, les dames, les enfants même. Parfois ils crient fort. Pour ces jeux ils possèdent tous plusieurs boules… Parfois ils ne sont pas d'accord sur l'appartenance de l'une ou l'autre. Ils ont une autre occupation. Là, ils sont beaucoup à courir après une seule balle. Les hommes ou les fils courent. les femmes discutent ou crient autour du rectangle d'herbe. Nous passerons à côté toute à l'heure. J'imagine. Je raconterai bien toute ma vie pour arrêter de penser… Qu'il va me monter dessus et que moi je ne sais pas si je vais savoir ! Je respire. Le ventre sort quand l'air rentre... Le ventre rentre quand l'air sort. J'inspire, j'expire... »

Rémi : « Jeune homme ? Ça va ? Tu es près ? »

Moi : Comment ça je suis près ? Je ne suis pas près du tout ! Demain peut-être... Là... Je respire... Je ne peux pas tout faire à la fois... J'inspire, j'expire...

Câline : Regarde trésor. Corinne est sur mon dos. Léa sur le dos d'Oléon... Tout va bien pour nous. Et toi tu as le meilleur cavalier du monde qui attend l'autorisation de monter sur ton dos.

Moi : « MMMMM ; Oui. OK patron laisse moi me secouer et on y va. »

Rémi : Tu peux m'appeler Rémi, à partir de maintenant nous sommes vraiment compagnons. Nous ne ferons jamais un pas que tu ne peux ou ne veux pas faire. Si quelques fois j'insiste pour aller quelque part fais-moi confiance. Je ne t'obligerai pas à aller vers un danger. Si nous devons en traverser un, je te préviendrai. Si jamais tu ne veux pas aller quelque part. Nous n'irons pas !

Moi : « Merci Rémi. Je t'accueille dans ces conditions avec beaucoup de joie sur mon dos. Pardonne-moi si je ne comprends pas tout de suite tes demandes ».

Rémi : « Je vais monter sur la pierre et ensuite délicatement je passerai sur ton dos. J'y vais tout doux ».

Il a posé sa main sur mon encolure, ses doigts me réconfortent comme toute à l'heure : « Tout va bien, ne t'inquiète pas ». Tien ! Je crois qu'il est arrivé. Je n'ai senti que du bien-être. Il doit être léger comme une plume. Je sens ses jambes détendues contre mes flancs. C'est confortable ! J'ai envie de me laisser guider par cette douceur.

Rémi : « Voilà. Jeune homme. Je suis arrivé. Tu es formidable. Bravo ! C'est très bien, merci ! »

Il me caresse, tout beaucoup. Il est heureux. C'était facile, finalement ! Tout le monde à l'air heureux. Léa déborde de joie. Elle n'arrête plus de rire. Ses yeux pétillent et son petit bout de nez bouge...

Nous voilà en marche. Je vais me concentrer pour bien écouter les demandes de Rémi. Ça va je n'ai pas l'aire de tomber. Il ne tape pas dans mon dos, il ne tire pas dans ma bouche. Il ne me fait mal nulle part.

La promenade est belle. Rémi ne me donne pas d'ordre que je ne comprends pas. Il dit d'une voix très douce Ohhh. Pour ralentir, et il se redresse, enfin il descend et en même temps il s'allège. S'il s'allège beaucoup s'est qu'il faut s'arrêter. Et il dit : « Aaaaaaaarrrrrrêeeeeet ». C'est bien. Il refait exactement les mêmes demandes pour les mêmes choses. Ce qui fait qu'au bout de trois fois j'ai compris. Alors il est fier de moi et me caresse beaucoup. Jamais il ne tire dans ma bouche. Ce n'est pas uniquement sa main qui me caresse. C'est tout son corps, son cœur. Il est heureux jusqu'au fond de lui. Je le sens. C'est agréable de lui faire plaisir ! Pour avancer, il pense un truc... Presque en même temps, il presse tout doucement ses deux jambes. Il ne m'écrase pas les côtes. Oh non ! C'est comme une caresse.

Lorsque nous sommes arrivés au terrain de foot. Tu sais ? C'est cette activité où ils sont nonbreux à courir après la même balle. C'est là aussi que le monsieur apprend aux enfants à respirer pour, quand ils ont un souci... Cela m'aura beaucoup servi déjà... Là-bas j'ai eu peur. Il y avait beaucoup de cris. Comme jamais. Rémi avait oublié le tournoi interdépartemental... Il me rassure avec ses mots, ses caresses... Il s'excuse. Il arrive à me détendre rien qu'en posant une main sur moi. Sous ses mains je suis comme une boule-de-neige au soleil. Je fonds. Je ne sais pas si la neige se sent bien quand elle fond. Moi c'est plus que sûr ! Avant de partir il m'a dit que jamais il ne me ferait aller où il y a du danger sans me prévenir. J'ai confiance en lui. Il va m'apprendre et apprendre à Léa. Comme ça bientôt elle pourra me monter sans craindre une de mes réactions de « jeune ». Et elle saura ne pas trop rebondir dans la selle, et ne pas tirer sur les rênes. Nous avons fait toute la promenade au pas. Rémi dit que nous trotterons tous les deux touts seuls dans un premier temps. Léa apprendra sur quelqu'un d'autre... Là, il y a mis un grand silence... Et un tout petit sourire en coin, comme il fait parfois.

Nous avons fini la promenade en nous arrêtant au pré. Oléon est dans notre parc. Rémi rigole à l'intérieur de lui. J'ai l'impression que le grand jour n'est pas encore terminé...

Je me roule dans l'herbe, c'est bon de se rouler quand on est libéré des sangles. Même si elles ne sont pas inconfortables quand elles sont bien réglées, c'est toujours mieux sans. Une petite partie de cabrioles et autres... Fzzzzzzzz, boum, tralalala. Sur les pattes arrières, coup de cul, croupades... Galop ? À fond, alors. Fzzzzzzzzzzzzzzzzzzzz. Je vais voir tous mes amis deux pattes. Ralentissement. Abaissement des hanches, contraction des abdos, léger cabré des antérieurs. Et hop... Pfffrt. Me voilà. Tout le monde rit. Quel bonheur !

Léa et ses parents partent vivrent leur reste de journée d'humains. Nous, nous préparons une fin de journée gourmande. L'herbe n'a pas le même goût à cette saison qu'aux beaux jours, mais j'aime cette autre saveur.

Oléon n'a pas l'air en forme tout à coup. Câline me fait un signe. Je lui réponds d'un autre signe que je ne sais pas ce qu'il a.

Câline : « Que se passe-t-il, tu as l'air tout triste tout à coup ? »

Oléon : Je suis inquiet. parce qu'après des moments comme ceux-là… « Une larme coule… » Je ne me vois plus vivre ma vie avec mon maître. J'ai froid dans mes os, rien que de penser à ses façons de faire.

Moi : Oh ! Oléon. Que te dire ?

Câline : Il va falloir faire comme tous les animaux qui sont élevés pour être mangés. J'ai eu l'occasion de discuter avec certains d'entre eux. Ils disent que si leurs conditions de vies sont respectées ils ne sont pas tristes… Est-ce qu'une tomate rouspète contre son rôle de tomate ? Non. Elle va naître, grandir puis être consommée en salade ou en sauce ! Plus son jardinier l'aimera, plus elle sera bonne. C'est sa vie, son rôle. Si leur vie est confortable, ils profitent simplement de l'instant présent. Bien entendu ces animaux n'ont pas développé les mêmes sens que nous. Vu qu'ils ne leur demandent rien d'autre que de vivre cette vie, et d'être heureux. Un peu comme les légumes.

Il faut apprendre à vivre l'instant présent, comme nos frères et sœurs vivant pour les nourrir. Savez-vous que ces animaux peuvent être satisfaits de leur sort ? Ils disent qu'ils sont contents d'avoir une place dans tout ce système. Ce qui n'est pas juste, c'est quand ils t'ont fait développer des sens très fins. Tu les comprends, tu les écoutes, tu pardonnes, tu souffres de leurs négligences, de leurs incompétences… Et après ils te mangent. J'espère Oléon que ta vie va changer. Je mets toutes mes pensées en ce sens. Je fais confiance à la vie. Elle n'a pas pu te proposer cela pour te le retirer. Il faut unir la force de nos pensées autour de cette croyance. Ta vie a changé depuis que tu es arrivé ici. Tu es d'accord ? Ne pas avoir peur pour plus tard. Avoir confiance dans la vie.

Moi : Eh bien... J'aurai jamais pensé à tout cela d'un coup.

OLEON : Je suis d'accord pour essayer de profiter de l'instant présent, et pour unir mes pensées aux tiennes. Il est vrai que la vie est plutôt belle depuis mon arrivée.

Moi : « moi aussi j'unis mes pensées pour que tu restes ».

La fin de journée c'est passé entre cabrioles et roulades dans l'herbe. Pas de grande discussion. Juste quelques mots comme ça. Et des pensées pour une vie meilleure pour notre ami.

Léa et Rémi arrivent. Ils ont l'air encore plus heureux que ce matin.

Rémi : « Venez voir tous les trois ».

Nous arrivons tous les trois dans le même ton. C'est trop bon, c'est trop bon, c'est trop bon.

Rémi : « Encore une grande nouvelle pour ce grand jour »...

Le petit bout du nez de Léa va se décrocher à force de tourner. Elle aura rigolé aujourd'hui. Elle est d'ordinaire très joyeuse, jamais autant que depuis ce matin... c'est vraiment un grand jour.

Rémi : « Oléon, veux-tu faire parti de notre bande ? J'espère que tu ne vas pas dire non... Parce que : Tout est arrangé, maintenant tu habites chez nous ! Bienvenue ! »

Câline : La force des pensées, de l'amour, de la confiance réuni a fonctionné ! Bienvenue Mon ami.

Moi : « Bienvenue à toi mon ami. Tu pourras garder la mangeoire. Comme je suis heureux ! »

Léa sert fort notre nouveau compagnon. Lui, il pleure, il tremble, ! Entre deux sanglots, il dit : « C'est incroyable ! Merci, merci, Rémi, merci Léa, merci Corinne ! Merci à vous tous pour votre accueil. Tu vois fils ? Pour moi le paradis c'est ici, avec vous. L'honneur ? Cet homme, notre Rémi est un homme de parole et d'honneur ! Il m'avait soufflé à l'oreille qu'il regardait ce qu'il pouvait faire pour moi... Je ne croyais pas qu'il y aurait de suite à ses mots. Il a transformé ma vie de calvaire en vie de rêve. »

Rémi : Allez, à la maison ! Léa tu t'occupes d'Oléon. Je raccompagne nos amoureux.

« Je voulais vous remercier tous les deux. Je ne suis pas sûr que j'aurai prêté la même attention à Oléon sans vous et sans Léa. J'ai changé l'organisation des écuries. J'espère que cela vous conviendra à tous. Merci mes amis, merci à tous les deux. Merci à toi Guitariste pour ce très bon travail que tu as fait en extérieur toute à l'heure ».

Il est ému notre Rémi. Moi je ne suis pas certain de ne pas vivre un rêve. Tout cela est si bon, si doux. Je demande à Câline si elle imagine comment il a changé les écuries ? Elle ne peut me répondre tellement elle est remuée par tout ce qui arrive. Elle me fait signe qu'elle ne sait pas mais que ce sera sans aucun doute encore mieux que ce que nous pouvons imaginer.

Léa marche tranquillement avec Oléon au bout de longe. Ils ressemblent à un vieux couple qui aurait traversé le monde côtes à côtes tellement ils sont naturels, l'un comme l'autre.

Nous voilà tous trois dans la cour. Un petit peu de chatouille pour tout le monde. Rémi prend Câline par le licol... Jamais il ne fait cela... Tien ! Il la dirige dans mon box. Il emmène Oléon dans le box de Câline... Et moi ? Ça y est c'est mon tour. Ils n'ont rien dit les autres... Il me guide vers mon box. Donc celui où est entrée ma chérie ? Je rentre... Oh dieu de tous les dieux... Il a déplacé le mur de planches qui sépare les deux box afin que nous ne soyons pas serré. Il a mis deux mangeoires.

MOI : « JE SUIS HEUREUX! CÂLINE NOUS HABITONS ENSEMBLE! QUELLE BELLE JOURNÉE ! »

Câline : C'est si bon ! Je crois comme Oléon que le paradis c'est ici. Ça va Oléon ? Ton box te plaît ?

Oléon : Jamais je n'en ai eu d'aussi confortable, grand, préparé avec amour, cela se sent. Fils ? Tu comprends pourquoi tous les jours ne peuvent pas être de grands jours ?

Moi : Je comprends. Mais si tu n'oublies pas la chose qui a fait un grand jour ? Si chaque fois que tu refais cette chose tu y trouves autant de plaisir. Chaque jour peut être un grand jour, puisque tu te réjouiras... Non !

Oléon et Câline : Eh bien jeune homme ! Là vous êtes tout simplement épatant ! C'est une belle façon de penser. Bravo ! C'est une leçon pour nous... Nous tacherons de nous en souvenir, aussi bien que tu ne retiens toutes ces nouvelles choses que tu apprends depuis quelques lunes. Merci !

Moi : Ah ? De rien. Alors moi aussi je peux vous apprendre des choses ?

Câline : Tu sais l'âge ne fait pas tout. Et puis si le monde change... C'est bien grâce aux jeunes. Nous avons tous à apprendre des autres. Qu'en pensez-vous Oléon ?

Oléon : Rien de plus à ajouter.

Le repas nous est servi comme d'habitude dans la joie et la bonne humeur. Ce soir c'est Léa qui a servi mon grain. C'est la première fois ! C'est vrai que c'était un grand jour. J'ai appris tant de choses... Toutes ces expériences personnelles ! J'ai fait de l'équitation aujourd'hui. J'aime ça... Avec Rémi, il est si léger, si doux, si attentionné, ses caresses sont un vrai moment de bonheur... Et puis Léa et moi, unis... Et Câline ma chérie, avec moi... Jour et nuit maintenant. Quel bonheur ! J'aimerai que tous les chevaux du monde puissent avoir ce genre de vie. Pour Oléon c'est bon. Plus personne ne le corrigera, ne le menacera... Maintenant il habite dans notre petite écurie du bonheur.

Avant de partir pour le pays des rêves j'envoie une pensée au monde pour que beaucoup d'autres petites écuries ou grandes écuries du bonheur voient le jour. Pour que le respect, l'écoute, la patience, la tolérance, la douceur, l'humilité fassent partis des façons de faire des cavaliers. Que la liberté soit acquise pour tous mes frères et sœurs chaque jour. Qu'ils soient tous traités avec l'égard qui leur est dû... Au moins en tant qu'être vivant...

Que de bons repas leur soient servis, que leurs logements soient de bonne taille, correctes et propres.

Que les deux pattes trouvent au fond de leur cœur la bonté qui fait qu'ils peuvent être si confortables, si grands !

Moi : Au revoir Oléon, merci pour tout. Bonne nuit mon ami.

Oléon : Bonne nuit fils. Merci pour tout ce que tu nous apportes... Au fait. Une poule c'est un animal à plumes qui fait « cot, cot, cot ». Elle pond des oeufs aussi, c'est à peu près grand comme un ballon de foot... Elle à un bec, et deux pattes. Que te dire de plus ? Elle ne vole pas, court rarement, elle ne saute pas, ne fais pas de roulade. Elle vit au pas ou couché. Son lit s'appelle un nid. Tu veux savoir autre chose ?

Moi : Merci, je l'avais presque oublié ! Je croyais que c'était la machine sur laquelle Corinne part se promener. Tu sais ? La même que celle de Léa. Sauf que sur la sienne il y a deux petites roues en plus.

Oléon : Ce dont tu parles fils. Cela s'appelle un vélo !

Moi : Ah ! Oui ! Évidemment ça n'a rien à voir. Ha, ha, ha. Un vélo ? Une poule ? Ha, ha, ha.

Câline : Tu es mon prince, mon amour, mon clown, mon tout. Comme je t'aime ! Viens t'allonger contre moi.

Rémi et Léa arrivent pour nous souhaiter la bonne nuit.

Rémi : « Bonne nuit toute ma troupe. Je suis très heureux de vous compter parmi nous. Merci à tous les trois. »

Nous trois : Merci à toi Rémi pour tout ce que tu fais pour nous.

Léa : Bonne nuit ma belle Câline, tu vois c'est encore mieux qu'une porte sans verrou ? Maintenant vous habitez dans la même maison. Bonne nuit mon Guitariste, fais de beaux rêves. Je suis très heureuse d'être « responsable » de toi, d'être ton amie.

Câline : Bonne nuit belle enfant. Merci pour tout ce que tu es. Tu es un trésor.

Moi : Bonne nuit ma douce et tendre enfant, mon amie. Câline a raison tu es un vrai trésor ! Merci pour tout ce que tu fais, pour tout ce que tu es. Fais de beaux rêves. Je suis heureux et fier de devenir ton guide. D'être ton ami.

Oléon : Bonne nuit à tous et merci.

Léa et Rémi rentrent. Nous fermons les yeux jusqu'à demain. Dors bien toi aussi.

« Bisou souffle » pour toi.

GUITARISTE

…

Fin d'écriture le 24.02.05.

09.03.05.

TABLE DES MATIÈRES

ACHEVÉ D'IMPRIMER
SUR LES PRESSES DE
PRÉSENCE GRAPHIQUE

N° d'éditeur : 0100

Dépôt légal : 2006